教員養成のためのテキストシリーズ
4 児童期の課題と支援

近藤邦夫・西林克彦・村瀬嘉代子・三浦香苗 編

新曜社

はじめに

　日本は今，重大な転機を迎えています。経済的困難もさることながら，教育もまた，変化する時代のなかでさまざまな困難に直面しています。青少年の学力の低下や創造性の欠如がつとに指摘され，現在の学校の教育機能に疑問の声があがっています。増大する一方の不登校，いじめやいじめを苦にしての自殺，崩壊する学級，歯止めがないかに見える暴力からは，学ぶことに喜びを見いだせず，将来について希望をもつことのできなくなっている子どもたちの叫びが聞こえてきます。

　私たちは大学にあって未来の教師となる学生の教育に関わるものとしての立場から，教職教育のあり方を真剣に問い直さなければならないと考えます。今日の教育が抱える困難を第一線に立って受け止め，変革していくのは，教師だからです。教師となるためには，どのような資質と技量，知識が必要なのかを，明確にする努力をさらに進めなければなりません。

　新教育職員免許法に対応したカリキュラムが全面的にスタートします。私たちはそうした変化に対応しながら，学ぶ，教えるという教育の実際的な活動のなかで，教育心理学，臨床心理学に何ができるのか，その幅広い研究のなかから何を伝えるべきなのか，何度も議論を重ねました。そして，心理学以外の領域からも多くの先生方にご協力をいただき，より広い視野から教師の仕事をとらえるよう努めました。

　本シリーズが，これから教師を志す学生にとって，教師という仕事の喜びと大きな影響力を考える機会となれば幸せです。

　２０００年１月

　　　　　　　　　　　　　　　　　　　　　　　近藤邦夫　　西林克彦
　　　　　　　　　　　　　　　　　　　　　　　村瀬嘉代子　三浦香苗

第 4 巻　児童期の課題と支援

　この「第 4 巻　児童期の課題と支援」は，新しい「教職に関する科目」のうち，「生徒指導，教育相談，進路指導等に関する科目」（4 単位）に該当します。小学生が学校・家庭・社会のなかでどのような問題にぶつかっているのか，典型的な課題を取り上げ，その支援法について考えます。

　なお，本シリーズ 5 巻では，4 巻とほぼ同じ構成のもとで，中学生・高校生を対象としています。

　1 部「小学生という時期」では，現代に生きる小学生のすがたを，発達面，文化面からさまざまな資料を用いて多角的にとらえます。

　2 部「小学生の成長と環境」では，子どもの成長とともに変化していく環境を探ります。子どもにとっての環境が家庭から学校にひろがり，友人関係を築きあげていくすがたを追うとともに，子どもと文化とのつながりも考えます。

　3 部「成長の節目としての危機」では，子どもが成長の過程でぶつかる諸問題を，学習と行動の両面からとらえます。思考方法の変化，帰属集団の影響，性的成熟，甘えと独立など，さまざまな葛藤が子どもの成長に与える影響と危機について考えます。さらに，いわゆる問題行動を子どもの苦悩の訴えとして理解する視点を養います。

　4 部「子どもの成長と変容への支援」では，教師は子どもにとってのモデルであることを理解したうえで，教師ならではの働きかけの特徴，学級集団が与える支援，学校内での支援体制，外部機関の協力を得ることの必要性と方法について考えます。また，精神障害や学習障害，身体の発達障害などをもつ子どもに対しての支援についても考えます。最後に，問題を抱えた子どもたちに対するカウンセリングの基本的な考え方と方法について学び，子どもの心理発達をうながす心理教育について考えます。

目　次

はじめに　i
第4巻　児童期の課題と支援　ii

1部　小学生という時期

1　小学生の現在　　2

1. 現在の小学生のすがた
2. 子どもの変化の社会的背景と，変化に対する大人の関わり
3. 子どもをよりよく理解するために

2　小学生期の発達の諸側面　　10

1. 身体的発達
2. 認知的発達
3. 社会的発達
4. 人格的発達

2部　小学生の成長と環境

3　家族と友人　　18

1. 家族のライフサイクルから見た児童期
2. 人との関わりを求める原動力
3. 早すぎる親離れ，遅すぎる親離れ
4. 友人関係の発達
5. ギャング集団の形成
6. もらい子幻想と孤独の予兆

4　環境としての学校　　　24

1. 「小学校」という新たな空間
2. 環境移行①——家庭から学校へ
3. 環境移行②——幼稚園から小学校へ，学級から学級へ

5　子ども文化　　　30

1. 分析対象としての子ども，つながる相手としての子ども
2. 子ども文化のリアリティ
3. 子どものルネッサンス

6　学びと体験　　　36

1. 閉じられた学びの場
2. 生活とつながる学び
3. 体験的な学び

3 部　成長の節目としての危機

7　帰属集団としての同性友人集団　　　44

1. 小学生期における「友だち」について
2. 仲間集団の意義
3. 仲間集団に対しての留意点
4. 仲間集団に入れない子どもへの配慮
5. 親密な友人関係の成立

8　性的成熟の開始　　　50

1. 性的成熟
2. 性役割
3. 性被害

9　甘えと独立のはざまで　　　56

1. 成長過程の危機
2. 成長への葛藤

3. 症状の意味

10　問題行動を通して子どもが訴えるものⅠ　　62
──反社会的行動

1. 反社会的問題行動と非社会的問題行動
2. 困った行動を抑え込むのではなく，意味を理解する
3. 学童期に見られるさまざまな反社会的問題行動とその理解の仕方
4. 事例から

11　問題行動を通して子どもが訴えるものⅡ　　71
──非社会的行動

1. 非社会的問題行動に潜む子どもの心のメッセージ
2. 子どもの心を理解する眼差し

4 部　子どもの成長と変容への支援

12　モデルとしての教師　　80

1. 子どもにとって魅力ある教師とは
2. 教師から児童・生徒への影響過程
3. 教師役割・モデルへのとらわれからの脱却

13　教師の働きかけの特徴　　88

1. 教師のコミュニケーション
2. 教師が置かれる状況──教師と子どもの人間関係の視点から

14　学級集団づくり　　94

1. 生活の場・成長の場である学級
2. 学級の個性──学級風土と教師のリーダーシップ
3. 学級風土とその影響
4. 好ましい学級を作る──これからの学級指導に求められるもの

15　学校内での支援体制　　　100

1．問題行動を例にとった支援の一般的傾向
2．学級担任が一人で取り組むことによる問題
3．校内の支援体制に向けた考え方と工夫
4．支援の計画
5．どの子どもにも必要な支援体制

16　外部の関連機関との連携　　　110

1．「一人で抱え込む」から「連携」へ──お互いの専門性を認めあう
2．連携とは
3．連携上の留意点
4．外部の関連機関

17　発達を保証する補償・治療教育　　　116

1．児童期における心身の障害と教育
2．特殊教育から，特別支援教育へ
3．障害があっても養護学校や特殊学級に就学しなかった理由
4．特殊教育の対象とならなかった障害
5．個々のニーズに合わせた教育

18　成長・変容を支えるさまざまな心理技法Ⅰ　　　124
　　──カウンセリングの基本的な考え方

1．カウンセリングの基本的な考え方
2．カウンセリングの共通の基盤
3．カウンセラーの機能とカウンセラー像

19　成長・変容を支えるさまざまな心理技法Ⅱ　　　130
　　──行動療法的な観点からの問題解決への支援

1．行動に対する考え方──医学モデルと学習モデル
2．行動療法の技法
3．コンサルテーションのなかでの行動療法

20　子どもの成長・変容をうながす心理教育　136

  1．心理教育への注目とその背景
  2．教師に対する心理教育
  3．親に対する心理教育
  4．子どもに対する心理教育
  5．心理教育の実践

さらに学ぶために——参考文献　143

引用・参考文献　148

索引　159

執筆者紹介　165

編者紹介　166

装幀——加藤光太郎

1部
小学生という時期

1　小学生の現在
2　小学生期の発達の諸側面

1 小学生の現在

1. 現在の小学生のすがた

「子どもが変わった」「近頃の子どもは……」という言い方をされることは多いが，現在の子どもは以前と比べてどのように変化しているのだろうか。「子どもの変化」について，5つの小学校の教師21名を対象にして行ったインタビューの結果（堀家，1997）では，語られた子どもの変化は，①肥満やアレルギー，体力の低下といった「からだの変化」，②ねばりや根気がない，積極性がないといった「認知的・情動的変化」，③子どもどうしや教師との関係，人の話を聞かないといった「対人関係の変化」，④遊び内容の変化やものを大切にしないといった「環境要因に基づいた子どもの変化」，の4つに分類されている。

この分類は包括的にとらえられていると思われるので，その他の調査結果なども加えながら，これら4つの時代的変化を簡潔に説明しておく。

(1) からだの変化

表1.1と表1.2の数値からもわかるように，近年の小学校高学年のからだつきはその親の世代の時期に比べて，平均身長で4～5cm程度，体重で4～6kg程度増加していることがわかる。また最近10年の経年変化を見てもほぼ漸増傾向になっている。子どもの「見た目のからだつき」は確実に大きくなっており，子どもの発育・成長のよさを実感できる数値である。

しかし一方で，肥満傾向の子どもは，小学校全体では2.8%であり（幼稚園全体では0.6%，中学校全体では1.6%），特に9～11歳の小学生では3%を超えている。10年前（1988年）は小学校全体で1.7%であったことを考えると増加傾向になっている。また，裸眼視力1.0未満の小学生が26.3%と10年前の19.6%に比べやはり増加している。ぜん息についても小学校全体で2.3%と，初めて2%を超える結果となっている。これらの結果を見ると，子どもの身体成長の環境は必ずしも十分に恵まれているとはいえない。

●表1.1　身長(平均値)の世代差(Bは親の世代)(cm)

(男子)	1968年(B) →	1998年(A)	差(A−B)	(女子)	1968年(B) →	1998年(A)	差(A−B)
6歳	114.1	116.8	2.7	6歳	113.1	115.9	2.8
7歳	119.5	122.5	3.0	7歳	118.6	121.7	3.1
8歳	124.7	128.2	3.5	8歳	123.9	127.5	3.6
9歳	129.7	133.6	3.9	9歳	129.3	133.5	4.2
10歳	134.5	139.1	4.6	10歳	135.3	140.4	5.1
11歳	139.7	145.3	5.6	11歳	141.7	147.0	5.3

●表1.2　体重(平均値)の世代差(Bは親の世代)(kg)

(男子)	1968年(B) →	1998年(A)	差(A−B)	(女子)	1968年(B) →	1998年(A)	差(A−B)
6歳	19.9	21.7	1.8	6歳	19.4	21.3	1.9
7歳	22.1	24.4	2.3	7歳	21.6	23.8	2.2
8歳	24.6	27.7	3.1	8歳	24.1	27.0	2.9
9歳	27.1	31.3	4.2	9歳	26.8	30.6	3.8
10歳	30.0	30.0	5.0	10歳	30.4	35.0	4.6
11歳	33.2	39.4	6.2	11歳	34.8	40.1	5.3

(表1.1, 1.2ともに「平成10年度 学校保健統計調査報告書」1998より)

(2) 認知的・情動的変化

　この点については，堀家(1997)では，「ねばりがない」「根気がない」「積極性がない」といった印象が教師から語られていた。昔と比較できるような直接的な資料はないが，最近になって「学級崩壊」という言葉が用いられるように，学級内で感情や行動の統制がとれない子どもが目立つようになってきているのは全体的な傾向であろう。教師の手記を見ても，「授業時間と休み時間の区別がつかない」「授業が成立しない」といった授業における苦労のみならず，「わがまま勝手に振る舞う」「他人の間違いをあざ笑う」「器物破損など悪意のあるいたずら」「いろいろな活動を面倒くさがる」といった，統制のとれない子どものさまざまな行動への対応に悩み，学級経営をどうにか立て直そうと苦しむ教師の姿がうかがえる(樫村，1992；今泉，1995)。

　また，落ち着きのなさや認知的な統制困難さを示す子どものなかには，「学習障害(LD)」であるとか「注意欠陥／多動性障害(AD／HD)」といった精神医学的な治療を必要とするものもあり，学校のなかだけでの対応をさらに難しくしている。

(3) 対人関係の変化

　表1.3に友だち関係，教師との関係，親子関係についての主観的な満足感の結果を示している。不満に感じている子どもがそれほど多くないことがうかがえ，また中学

生に比べて小学生の時期は周囲の対人関係の印象は肯定的である。しかし，これは漠然とした満足感であり，小学生期にわたって問題点が少しずつ積もり，中学生になり子どもが十分な内省をできるようになって初めて，それらを不満として表明できる部分もあるだろう。

　友だち関係の問題については，不登校やいじめといった象徴的な行動から様子を見てみよう。小学校におけるこれらの発生率は，1997年度では不登校が0.26％，いじめが21.5％と中学校のそれ（不登校1.89％，いじめ47.8％）に比べはるかに少ないのではあるが，1992年度の小学校における不登校の発生率が0.15％だったことを考えると，小学生においても微増傾向になっている（文部省学校基本調査より）。不登校やいじめに関するさまざまな原因ならびに改善策のなかには，「友だちのあり方」が多少なりとも関わってくる。表1.4はいじめの態様を示すものであるが，「言葉での脅し」や「暴力」といった攻撃性を過度に表出されるいじめられ方もさることながら，「仲間はずれ」や「集団による無視」といった仲間関係を否定的に使用されるいじめられ方も，合わせて3割近く存在している。また，不登校については，「保健室登校はできるが教室に入れない」という話はよく聞かれ，子どもが学級の仲間との関係の取り方に苦慮していることが推察できる。

●表1.3　対人関係についての結果（小学生）（総務庁，1997。ただし調査は1995年実施）

「あなたには，とても仲の良い友達が何人くらいいますか。」（総数1,196人）

	％
1人もいない	0.4
1人	1.5
2〜3人	15.1
4〜5人	23.2
6〜9人	20.1
10人以上	39.2
無回答	0.5

「お父さんと一緒にいるとき，あなたは，お父さんとよく話をする方ですか，それとも話さない方ですか。」（総数1,164人）

	％
ひじょうによく話すほうだ	22.6
話すほうだ	54.0
あまり話さないほうだ	21.0
話さないほうだ	1.6
無回答	0.7

「お母さんと一緒にいるとき，あなたは，お母さんとよく話をする方ですか，それとも話さない方ですか。」（総数1,185人）

	％
ひじょうによく話すほうだ	46.9
話すほうだ	46.6
あまり話さないほうだ	5.7
話さないほうだ	0.3
無回答	0.4

「あなたは，今の学校の生活で，何か困ったことや嫌なことはありますか。」（抜粋。総数1,196人，複数回答可）

	％
きらいな先生がいる	7.6
友達にいじめられる	2.6
仲のよい友達がいない	1.7
特にいやなことはない	61.0

「あなたのお父さんは，普段，あなたの気持ちをよく分かっていると思いますか。」（総数1,164人）

	％
とてもよくわかっている	18.6
よくわかっている	54.0
あまりわかっていない	20.7
ぜんぜんわかっていない	1.7
無回答	4.9

「あなたのお母さんは，普段，あなたの気持ちをよく分かっていると思いますか。」（総数1,185人）

	％
とてもよくわかっている	34.4
よくわかっている	55.3
あまりわかっていない	7.2
ぜんぜんわかっていない	0.8
無回答	2.3

●表1.4 小学校におけるいじめの態様（1997年度）
（総務庁，1999）

	件数（件）	構成比（％）
冷やかし・からかい	5,965	27.6
仲間はずれ	4,624	21.4
言葉での脅し	3,489	16.1
暴力	2,997	13.9
持ち物隠し	1,857	8.6
集団による無視	1,224	5.7
お節介・親切の押しつけ	353	1.6
たかり	239	1.1
その他	874	4.0
計	21,622	100.0

（複数回答）（文部省調べ）

また、不登校やいじめといった際立った行動でなくても、自分の弱みを出せないとか、「むかつく」と安易に言って攻撃性を表出したりするような「関係の希薄さ」は一定割合の子どもに見られる。

教師との関係については、本章のはじめに引用した堀家（1997）の報告では、教師に対して「教師」として接してくれない「教師に対するお友達意識」、学級集団のなかの一人として扱われることに慣れていない「1対1の関係の過度の要求」といった点が教師から述べられている。先述した学級崩壊という現象から見ても、このような関係性の変化があらわになってきたのだろう。

人との関係の基盤として、子どもの成長の最初期から存在し、強い影響力のある親子関係については、親の意識の変化があげられる。たとえば、しつけなどの社会化機能については、家庭で行うべきことを学校にもち込んでくるといった教師の不満が多く聞かれるようになった。図1.1を見ると、15年前に比べ多くの項目で家庭についての問題意識が増加しているなかで、「幼児期からのしつけが不十分」と感じる成年層は減少している。「親が子どもを甘やかしすぎている」「親の権威が低下している」という印象が増加している点とあわせ考えると、「親は、しつけに反映させるべきかどうかはわからないが、子どもにとりあえず厳しくしたほうがよい」といった親子関係改善のイメージをもっている親世代がある程度存在するのかもしれない。そのようなイメージをもつ親には、子どもの反発が予想され、親子の間がぎくしゃくするので、具体的な解決策を教師に求めてくることになりかねない。逆に、子どものことにまったく無頓着な親も教師にしつけ方を求めてくるので、教師の負担が増加するであろう。

⑷ 環境要因の変化

遊びについては、自由に使える遊び場が特に都市部では少ないこと、学習塾やけいこごとに通うことによって遊ぶ時間が減少し、遊びの時間帯が変化していること、また、テレビゲームといった室内でいつでも行える遊びの比重が高くなっていることが考えられる。表1.3で示した調査の他の結果として、小学校高学年で4人に1人以上は学習塾に通い、それ以外のおけいこごとにも通っている子どももいること、またテ

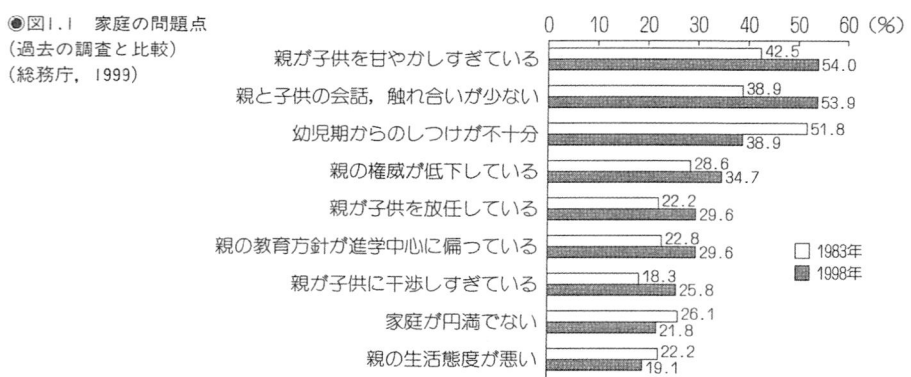

●図1.1 家庭の問題点
（過去の調査と比較）
（総務庁，1999）

昭和58(1983)年調査：全国20歳以上の者5,000人対象（有効回答率79.7％），平成10(1998)年調査：全国20歳以上の者3,000人対象（有効回答率70.1％）
（総理府広報室「青少年の非行等問題行動に関する世論調査」より）

レビゲームについては男子の8割強，女子の6割弱が保有していることもわかっており，子どもの遊びに大きな影響を与えていることがわかる。テレビゲームのみが共通に行える遊びであり，共通に話せる話題である子どもたちも少なくないだろう。

同調査によると，実際の遊びの内容については「外で遊ぶ」の選択率は半数程度であった。複数回答可の質問であるので，戸外でまったく遊ばない子どもが半数近くいると予想され，遊ぶ場所のバランスの悪さが懸念される結果である。

堀家（1997）の報告では，同じ家に子どもどうしが集まってもそれぞれが違うことをして遊ぶといった仲間どうしの遊び方についての変化も教師から指摘されている。

遊び以外の子どもの環境についても，学校の週5日制や総合学習の導入といった「学校教育環境の変化」，テレビや雑誌による情報が地域の壁を越えて広まり，最近ではインターネットの活用によってますます空間と時間との格差がなくなるといった「情報環境の変化」，それらの情報が昼夜を問わず利用できることや，深夜営業の店などが増えたことによる「生活時間の変化」といったことが，現在のそして今後の子どもの姿に大きな影響を与えるだろう。

2. 子どもの変化の社会的背景と，変化に対する大人の関わり

前節で述べた子どもの変化は，子どもの側だけで完結するものではなく，大人の側の関わりを考慮に入れなければならない。前節(1)〜(4)の4つの変化を見ても，からだづくりに関連する食事や運動，相手の話の聞き方や思考様式，学校という場の関係づ

小学生の現在

くり，遊び環境や生活環境等の改善策については，大人に負うところが大きいのである。子どもの変化の社会的背景について，ここでは次の4点から説明しておく。

①**少子化**　合計特殊出生率（女性一人あたりが一生に生む子ども数の推定値）は1974年で2.08であったが，1989年で1.57，2003年で1.29と低下の一途である。出生率の低下を招く婚姻形態や出産意識の変化，子育て環境の悪さも本来なら問題にしなければならないが，ここでは少子化現象が子ども自身にもたらす影響のみを考える。

　子どもを持たない家庭も多く，社会の大人と子どもとのつながりが薄れやすくなるなか，親のみが子どもに多くの注意を向ける状況があるだろう。子ども数が減少傾向にもかかわらず，図1.2を見ると，家庭における教育費の支出割合は増加傾向にある。教育費のみならず，個々の子どもが享受する物質的豊かさも増加しているだろう。

　子どもに十分な手がかけられることは望ましいことではある。しかし，金銭出費を多く行うという現象は，ともすると心をかける代わりにお金で済ますことが起きないとも限らない。また，かけたお金の分の見返りを子どもに求める気持ちも生まれやすく，子どもから見れば「自分は親からかけ値ない大事な存在と思われているのか」という親との愛着関係に対する疑念も生じうる。

②**消費社会・商業主義の影響**　子ども世代の持ち物や遊び道具が自らの世代のものと「ただ異なる」だけで，批判的になる大人もいる。あたかも，子どもたちがそれらを作り出したかのような批判ぶりになることもある。しかし，たとえば子どもの特定の持ち物に子どもの人気が集まったとして，多くの場合，それを流行させる者，それを売る者，それを購入する金銭を与える者はまぎれもなく大人の世代である。①で述べた少子化とも関連して，大人が子どもに買い与える物は増えているのではないか。

　子どもの遊びというのは，本来，お金がなくても，仲間と場所と必要最低限の道具があれば，後は想像力と創意と工夫のもとに成り立ちうる要素が大きかったと思われるのだが，現在では大人の設定した場や内容の影響を多分に受けている。現在の商業主義の子どもへの影響は，高校生くらいの年代になり「大人文化の擬似的模倣」が行われる際に顕著ではあるが，その商業主義は高校生の年代のみならず，もっと低年齢の子どもをも有力な市場と見なし，戦略的な商戦を繰り広げるようになってきている。すでに小学生の年代でも「大人によって擬似的に作られた子ども文化」が多大に侵入

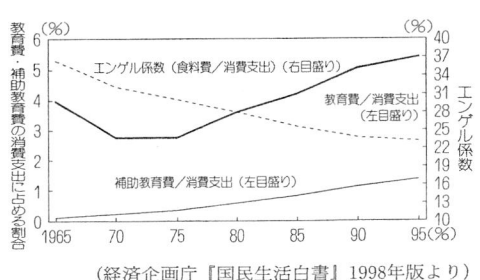

●図1.2　家計に占める教育費の割合
（経済企画庁『国民生活白書』1998年版より）

している状況に陥っているだろう。

③価値の多様化　学校週5日制の実施などによって，子どもの学校外の自由時間は増加し，家庭独自にさまざまなことに利用可能である。少子化という状況もともない，子どもに多様な活動をさせる時間的・金銭的余裕にも振り分けられる。それらの活動によってさまざまな価値観を得ていくだろう。それは，学校教育の物理的制約を補う点では非常に有用である。しかし，価値の多様化により家庭と学校での価値観が大きく異なることもありうるので，その場合には学校教育を成立させにくい状況をもたらすこともある。たとえば，家庭で「勉強だけがすべてではない」という価値観をもっているとしても，学校での授業中，静かに話を聞いていないことに対してその価値観を主張されるのは，教師としては困惑する事態にしかならない。学級という一つの場所で，担任教師が最低限の方針で学級経営を行うにあたって，学級内の子どもの家庭のさまざまな価値観と両立させることは非常に難しい。極端なことをいえば，教師に対して「学校でも厳しくしつけてください」という親と「学校でも自由にのびのびと育ててください」という親とが同一学級内に存在する状況も起こりうるのである。

　価値の多様化は，学校という場所をどのように利用するかという価値の多様化をも確実にもたらしている。学校に何を求めるか，学校には何ができて何ができないか，家庭で行うべきことは何か，などに関して，学校と家庭が子どもへの関わり方一つひとつについてじっくりと話し合い，合意に至るような取り組みが急務であろう。

④学業成績に対する偏重　一般に述べられるような「学力詰め込み」などという安易な言い方は必ずしも適切ではない。学力という点では，教育カリキュラムの改変による欠落や不十分さを考えなければならない部分も大きく，また，以前に比べると入試方法は明らかに多様性をもっており，進学に際しての子どもへの学力的要求は必ずしも厳しくなっているとはいえないからである。

　③で述べた価値の多様化ということと関連するのだが，各家庭において学業に対する比重は異なる。学業偏重という点で問題となるのは，小学生の段階においても，（特に都市部において）中学受験に代表されるような多くの勉強時間を極端に割いている子どもがいることであろう。親子が話し合い，熟慮したうえで受験するならまだしも，親が一方的に進学やそのための塾通いを勧めることもある。ただ親のうれしがる顔が見たくて塾通いし，受験する子どももいる。そのような偏重では，子どもが児童期に身につけなければならない学力以外の諸能力を涵養する機会を逃してしまう。

　一方で，学校においても学業成績のみをことさらに強調する教師がいる場合もあるだろう。教師が授業内容や授業方法の工夫などを行わずに，ただ「教え込む」だけで，子どもの授業に対する自律性や自主性のともなわない状況を作り出し，テストの結果

について点数のみを極端に強調し，他の評価側面をまったくもたないとしたら，学級崩壊の下地になるような「荒れ」は確実に作られていくだろう。

3．子どもをよりよく理解するために

　子どもを取り巻く環境に変化があったとしても，子どもはその環境を上手に吸収し，その環境に合わせていきいきと生きようとしているのではないか。斎藤（1997）は小学4年生に留学して，その体験記のあとがきに，「子どもとおとなの関係がひどくわかりにくくなり，そのわかりにくさが子どもたちを不利にし，不幸にしている時代」と書いているように，大人の子どもに対する感覚も鈍くなっているだろう。そして，続きには，「自分の中の芯の感覚（＝自分が子どもの時の感覚）をとりもどし，細くしなやかな若木とつきあっていくこともまた，ひとつの改善の道ではないだろうか」と提案している。

　肝心なことは，現在の子どもや自分の子ども時代を理解し洞察できる大人の力といってもいいだろう。子ども世界のなかで変わっていく環境要因と変わることのない心理的要因とを丁寧に見つめ，状況を冷静に分析，検討できる見識をもっているかが重要である。その見識があれば大人としてこの社会を子どものためにどのように作り上げるかという考えがおのずと出てくるであろう。

　自分は小学生のことをどの程度理解しているとあなたは感じているだろうか。そして，それはどのような観点から理解していると感じているだろうか。小学生を見る視点の豊穣さというものは子どもの理解に必要不可欠なものであり，子どもを見る視点はさまざまである。小学生は人間の成長から見てどのような段階にあるか，家族との関係はどのようになっているか，仲間づきあいにはどのような意味があるか，小学校で何を学んでいくのか，うまく学べないときに子どもにはどのような危機がおとずれるか，教師はどのように子どもに関わればよいか，どのような場所や方法で子どもの成長を支えられるのか，といったことなどはその一例であろう。

　この本の各章には，それらの視点に寄与できる知見が数多く提供されている。それらをよく読み，あなたのなかになかった視点があればそれらを吸収してほしい。そして頭のなかだけの静的な知識に留まらず，眼前にいる子どもに対してあてはめてとらえ直してほしい（できることなら，小学生の頃の自分自身や周囲の人々のことについても振り返り，一つひとつの体験の意味を考えてほしい）。そして，最終的には小学生という存在に対して多面的・統合的な像を作り上げることができるようになり，その子どもたちへの関わり方を考えられるようになってほしい。

2 小学生期の発達の諸側面

　発達に関する理論的な説明については本シリーズの第 2 巻に詳述されている。ここでは小学生の発達を身体，認知，社会，人格の各側面から簡略に述べつつ，主に「大人が小学生期のそれらの発達にどのように関与するか」という点を説明する。

1. 身体的発達

　表2.1と表2.2に1987年度に生まれた子どもの小学生期の身長と体重の年間増加量の変化を示した。だいたい，身長は年に 5 〜 6 cm 強程度，体重は 3 〜 4 kg 程度の増加である。歩行様式の劇的な変化に見られるような乳幼児期での身体成長に比べると，この時期は一定量の安定した変化に見えるが，それでも低学年に比べ高学年のほうが成長の度合いがやや進むこと，高学年になると男子に比べ女子のほうが先にからだの成長が進むことなど，青年期に近づくにつれ後述する第二次性徴の影響が見え始める。

　このような身長・体重などからだの成長については，食事，遊びをはじめとした運動，睡眠をはじめとした休息などが重要な要因となる。大人が子どもに対してこれらの環境を整え，生活リズムを調整させていくことが，子どものからだの成長を後々まで支えていくことになろう。

　性的な面でいえば，児童期の終わりに第二次性徴がおとずれ始める。しかし，小学生期では，男子に比べ女子のほうの性に関する身体変化の経験率が高く，図2.1に示すように小学 6 年生までに初潮を経験する女子は半数近いが，男子で精通を経験する者は10％程度である。中学生期を通して経験率が急上昇し，中学の終わりから高校にかけてはほぼすべての子どもが性的身体変化を経験する。小学高学年では子ども間に性的身体変化の有無の差が存在し，だからこそ，子どもたちの間にもさまざまな思いが混沌とし，憧れ，期待，不安，嫌悪といった諸感情がめぐるであろう。

　近年の情報の氾濫や情報源の多様性によって，大人の性の情報がそのままのかたちで子どもにも流入しやすくなっているが，そのような流入を単に受けているだけでは，表面的かつ断片的，そして偏った知識が子どものなかにとどまるおそれがある。周囲

● 表2.1　小学生期の身長の年間増加量 (cm)

（男子）	前年度比増加量	（女子）	前年度比増加量
6歳（1993年）	—	6歳（1993年）	—
7歳（1994年）	5.9	7歳（1994年）	5.8
8歳（1995年）	5.4	8歳（1995年）	5.8
9歳（1996年）	5.4	9歳（1996年）	5.9
10歳（1997年）	5.5	10歳（1997年）	6.8
11歳（1998年）	6.3	11歳（1998年）	6.7

● 表2.2　小学生期の体重の年間増加量 (kg)

（男子）	前年度比増加量	（女子）	前年度比増加量
6歳（1993年）	—	6歳（1993年）	—
7歳（1994年）	2.6	7歳（1994年）	2.6
8歳（1995年）	3.3	8歳（1995年）	3.3
9歳（1996年）	3.5	9歳（1996年）	3.6
10歳（1997年）	3.8	10歳（1997年）	4.2
11歳（1998年）	4.5	11歳（1998年）	5.3

（表2.1，2.2ともに「平成10年度 学校保健統計調査報告書」1998より）

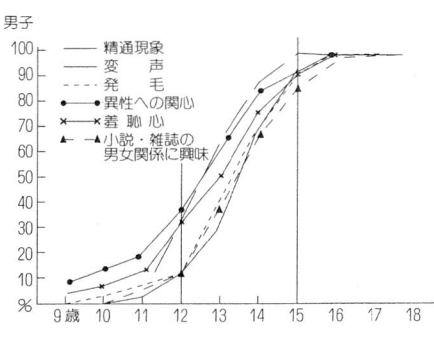
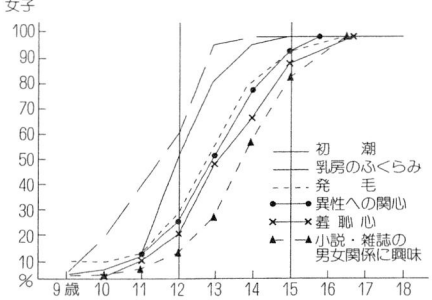

（大阪府科学教育センターの調査による。山崎，1993より）

● 図2.1　性的成熟の発達

の大人が，子どもの第二次性徴の変化にまつわる感情の揺れを上手に受け止め，人を愛することと性との関係，人間の生涯発達という点を視野に入れた性に関する知識を上手に与えていくことが，子どもの良好な性的発達の基盤になるであろう。

　また，からだつきのような「目に見える」発達だけでなく，身体内部の発達も重要である。なかでも，脳神経系は，量的には乳幼児期に大きく増加するが，児童期に神経の機能性の面で大きな変化を遂げる。阿部（1997）によると，脳の神経細胞の剪定（網

の目のように方々につながった神経細胞のなかの不必要な連結を断ち，諸伝達を分離・簡素化していく過程）が，5歳ごろより少しずつ行われるという。この不要な神経回路を断つには，必要な回路を繰り返し使用し，適切な神経伝達の道筋を明確にし，習慣づけなければならない。習慣づけという言葉は，ともすると「ただ押しつけられるもの」という否定的印象を与えがちだが，ジェームス（1892）が習慣の実用的効用として「運動を単純化し，これを正確にし，かつ疲労を減少させる」「動作を遂行させるのに必要な意識的注意を減ずる」と述べているように，習慣の形成とは本来，所属する社会での生活を送るにあたっての行動規範を無理なく獲得するためのものである。それは，認知情報処理の観点から見て経済性を得る過程でもある。

　生活習慣をはじめとして，小学校で行われる言葉や計算といった基礎的学習，あるいは運動機能の形成においても，この習慣的な反復行動を抜きにしては語れないだろう。子どもの感情を考慮せずに繰り返すことをただ強制するだけといった親や教師の態度は問題だが，この時期に子どもの脳神経系の剪定が確実に行われるための適切な習慣形成の環境を大人が用意しなければ，知覚諸刺激の整理や統合，注意力の配分といったものがうまく行われないおそれも出てくる。

2. 認知的発達

　ピアジェ（1952）の認知発達の理論を援用すると，小学生期の半ばに「具体的操作」の時期が訪れる。それまでの小学生前半はイメージや直感というものを頼りに思考していた「前操作」の時期であり，論理的思考の面ではまだ不十分であったが，具体的操作の時期に入ると，主に眼前での具体的な事象に限定はされるものの，さまざまな観点から論理的に思考できる（あるいは思考しようとする）時期に入るのである。

　小学校後半になると子どもたちがさまざまな理屈をつけるようになり，受けとる親や教師にとっては「屁理屈」と感じられ，腹が立ち，封じたくなるかもしれない。しかし，「理由づけ」は思考の発達としては非常に重要であり，論理的思考への端緒でもある。

　具体的操作の次には，眼前の事象でなくとも論理的分析を行い，より高次の思考ができる「形式的操作」という時期が小学生のおわりから中学生にかけておとずれる。それには具体的操作の十分な遂行が基盤となる。そして「具体的」であるということは，さまざまな環境での実体験を通してそのような論理性を身につけなければならないということである。

　論理的に思考するためには言語が欠かせないので，言葉の発達も同時に重要になっ

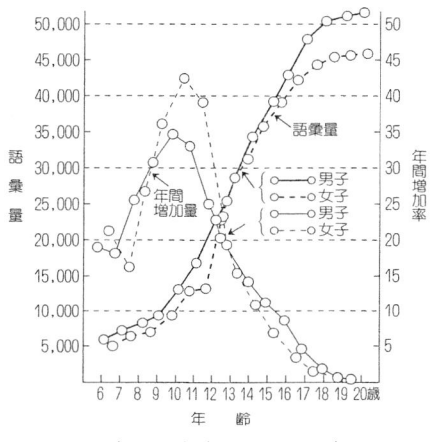

●図2.2　語彙の発達（坂本, 1966, 幸田, 1991より）

てくる。岡本（1985）は言葉について「一次的ことば」と「二次的ことば」という概念を用いている。「一次的ことば」とは1対1の会話に現れるような，不完全な文でも状況や文脈によって補える言葉であり，「二次的ことば」とは現実文脈を離れた第三者にも伝わるような言葉である。

その分類を援用すると，学校教育の始まりとともに，「二次的ことば」である書き言葉を本格的に学習するようになる。小学校では，国語をはじめとした授業，日記や学級活動の記録など，あらゆる場面で書き言葉を使用する機会をもつ。図2.2に示した語彙の増加量を見ても，小学生期の語彙に関する伸びは著しいが，その伸びにはこのような書き言葉の習得が大きく関わっている。

一方，話し言葉のほうも書き言葉からの影響や集団での生活，子どもの認知的発達とともに洗練される。つまり，小学生期に「一次的ことば」と「二次的ことば」の両方が広がりや深みを見せる。会話の相手である大人が，会話に際しての文脈や状況の理解，言葉に関する知識の吸収について子どもに援助することにより，対人場面における子どもの表現の仕方や言葉の遣い方が上達していくだろう。

3．社会的発達

自分を取り巻く周囲の人との関係のなかで，他者の気持ちや考え方を知り，他者に対する適切な関わり方を知り，それを通して自分自身をも知ることを社会性の獲得（社会化）という。社会性の研究分野では，共感性や向社会的行動，道徳性などの内容があり，年齢的な変化をとらえた研究も数多く行われている（Damon, 1983；伊藤・平林, 1997などを参照）。

これらの結果から小学生の間に起こりうる社会性の変化をまとめてみると，「自分と他者の視点が未分化で，相手の思考や感情の理由をとらえることが難しい」状態から，「自分と他者の視点が分化し，相手が自分とは異なる思考や感情をもつものであることを，状況より内省することができる」状態に変化し，さらに小学生も終わりの

時期になると，子どものなかには「自分と他者の異なった思考や感情を相互に把握し，それぞれの思考や感情を尊重したうえで，どのように関連づければ両者が納得できるかを考えられる」状態に変化する者も出てくる，といった具合になろう。なかでも，小学生期の最も大きな変化は，自分と他者の視点を区別できるようになることであろう。それは，学級という同じ年齢の類似性の高い集団生活を通して，自分を他者と比べるという「社会的比較」の状況にいるからである。自己の査定についても，児童期の中・後期においては主に社会的比較を通して行うことが示されている（Damon & Hart, 1988）。

また，対人関係そのものを見ても，乳幼児期までの親子関係中心の生活と異なり，小学生期では学校，そして学級という枠組みのなかで多くの生活時間を送り，仲間や友だちとの関係に比重が移っていく。この時期には，仲間からの受容というものが欠かせない。子どもが仲間関係からどのようなことを得ているのか，周囲はどのようなことに配慮すればよいのかといった点については，7章「帰属集団としての同性友人集団」に詳しく書かれている。また，親子関係についても，「親への肯定的見方が友だちへの肯定的見方につながること」や「親が子どもの友だち関係の重要性を理解し，関係を作る機会を用意してくれること」といったように，良好な親子関係は良好な友だち関係の大きな要因となる。社会性の獲得においても，親は子どもの社会化の重要な担い手であり，さらに子どもの社会化に際して身近なモデルとして機能する。

4．人格的発達

児童期の中核的課題は，エリクソン（1982）によると「勤勉性」の獲得である。勤勉性とは，社会が期待する技能や知識を身につけ，社会を担う素地を形成するためのものである。小学校では基本的生活スタイルや集団内でのルールの獲得と同時に，言葉を操る能力や，数字を駆使する能力などの知識の獲得も強く求められ，さらに近年では情報機器の操作能力も求められる。子どもはこれらの能力を身につけることによって，知識を増やし，物ごとの仕組みを理解し，この世の中を渡っていくのである。

勤勉性の獲得にあたりまず大事なことは，「地道な努力」を「根気よく」続けることである。1の脳神経細胞の剪定のところでもふれたが，このような地道な繰り返しは，学校生活における諸ルールや知識の獲得の際にもあてはまる。しかし，子どものみで地道で根気のいる作業を行うことには無理が大きい。親や教師が根気のいる作業の遂行を適切に支えたり，地道な作業に楽しみをもたせたりするよう工夫することは忘れてはならない。地道な繰り返しを行う一方で，ただむやみやたらに努力するので

はなく,「合理的に,計画的に,経済的に」行うように考えることも重要である。学校現場においては,「とにかく努力させることが大事」「らくなことは絶対によくない」といった指導がなされる場合があるが,これは合理的側面が薄れすぎている例であろう。論理的であることに対する意識が強くなるこの時期に,自分の言動や行動を「相手にわかるように,計画を練って,無理なく,上手に組み立てて」いけるような合理性を子どもに徐々に身につけさせていく必要があろう。

　以上のように,勤勉性の獲得には,地道な側面と合理的な側面との両方をバランスよく指導していくことが望まれる。両側面が促進される環境を大人が適切に整えることによって子どもの勤勉性が獲得されていくと,課題を遂行するにあたって自分の能力や身の回りの道具を上手に駆使できるという「有能さ」「適格」といった人格特性が子どものなかに備わっていくのである。この有能感は,複雑な問題や新奇な問題に遭遇したときにも「面白そうだ」「できるかもしれない」「やってみよう」といった,内発的動機づけを子どもに生起させるのである。逆に,有能感が得られない子どもは「どうせだめだ」「自分にはできないから」といった無力感状態に陥り,劣等感に支配されるおそれもあるだろう。

　中核的課題である勤勉性以外にも,乳幼児期での「基本的信頼」「自律性」「自主性」というものを,小学生期での生活の枠組みに合わせて適切に発展させていかなければならない。教師に対する信頼感の形成や集団生活のなかでの欲求のコントロール,許されうる範囲での積極性や想像力の発揮といったことなどが具体的な例である。また,乳幼児期にそれらの課題を家族のなかでほとんど獲得できなかった子どもに対しては,教師の個別的な働きかけや友だちの丁寧な関わり,学校外の諸機関での治療などを念頭に入れて,補償的に獲得させていくことも重要になってくる。

　さらに,青年期以降の「同一性」「親密さ」「生殖性」「統合」といった課題についても,小学生期にその萌芽を見せている部分がある。将来の夢の選択を現実の自己認知にもとづいて行うことや同性友人との間に自己開示を含んだ親密な友人関係を結ぶこと,年下の学年の子どもの面倒を見るといったことなどが具体的な例である。ライフサイクルの記述においても忘れられやすい視点であるが,子どもの以後の人生に貢献するためにも,このような萌芽的要素も大切に育てていかなければならない。

2部
小学生の成長と環境

3　家族と友人
4　環境としての学校
5　子ども文化
6　学びと体験

3 家族と友人

　この章では，児童期の子どもを取り巻く対人世界に目を向ける。まず家族ライフサイクルの視点から児童期の子どもにとっての家族について考え，次いで，この頃いよいよ芽生える友人関係を素描する。

1. 家族のライフサイクルから見た児童期

　それぞれのライフサイクルを生きる家族メンバーが相互に関わりあい，家族というシステム（集団）を作り上げている。それぞれの発達段階をたどる個々人の歩みに呼応して，家族システムもまた，一定の方向とパターンに沿った変化のプロセスをたどる。個々の家族成員による多次元的な個人発達の同時進行と，家族システムそのものの発達を並記しようというのが家族ライフサイクルの試みである。カーターとマクゴールドリック（Carter & McGoldrick, 1989）をはじめ，多くの研究者が家族ライフサイクルについて論じているが，ここでは，平木（1998）に若干の修正を加えたものを表3.1にあげよう。

　ここで，児童期に相当するのは，第4ステージの「子どもが小学校に通う時期」の家族である。このステージは，「子どもの出生から末子の小学校入学までの時期（第3ステージ）」と「思春期・青年期の子どものいる時期（第5ステージ）」にはさまれ，2つの時期を橋渡す役割を担っている。つまり，子の誕生以来，養育を最優先課題としてやってきた家族が，いくらか子育てにゆとりを見いだし，子ども専心型の緊密な結びつきを少しずつゆるめ始める。そして，子であり親である以外の複数のあり方をお互いに対して認め，成員の個性化がこれまで以上に保障されていく最初のステージである。子どもは集団教育に参入することで活動範囲を家庭外に広げ，家族以外の人を巻き込んだ，より大きな対人世界に身を投じていく。家族以外の他者に向かう関心を親が好意的に受け止め，子のペースを無視するような早い親離れを強制しなければ，子どもは家族から個性化に向けた支持的なフィードバックを得られるだろう。

　新入学の1年生を迎えた教室を想像してみよう。きょろきょろあたりを見回してさ

●表3.1　家族と個人のライフサイクルと発達課題（平木，1998より作成）

ステージ	家族システムの発達課題	個人の発達課題
1．家からの巣立ち（独身の若い成人期）	・源家族からの自己分化	親密性 vs 孤立 職業における自己確立
2．結婚による両家族の結合（新婚期・家族の成立期）	・夫婦システムの形成 ・実家の親とのつきあい ・子どもを持つ決心	友人関係の再編成
3．子どもの出生から末子の小学校入学までの時期	・親役割への適応 ・養育のためのシステムづくり ・実家との新しい関係の確立	世代性 vs 停滞 第2世代 　基本的信頼 vs 不信 　自律性 vs 恥・疑惑 　自主性 vs 罪悪感
4．子どもが小学校に通う時期	・親役割の変化への適応 ・子どもを包んだシステムの再調整 ・成員の個性化	世代性 vs 停滞 第2世代 　勤勉さ vs 劣等感
5．思春期・青年期の子どものいる時期	・柔軟な家族境界 ・中年期の課題達成 ・祖父母世代の世話	第2世代 　同一性確立 　　vs 同一性拡散
6．子どもの巣立ちとそれに続く時期：家族の回帰期	・夫婦システムの再編成 ・成人した子どもとの関係 ・祖父母世代の老化・死への対処	第2世代 　親密性 vs 孤立 　（家族ライフサイクルの第一段階）
7．老年期の家族の時期：家族の交替期	・第2世代に中心的な役割を譲る ・老年の知恵と経験を包含	統合 vs 絶望 配偶者・友人の喪失 自分の死への準備

っそく何人かに声をかけ始める子ども，うつむき加減で周囲の様子をうかがう子，集団での緊張は高いが，大人になら話しかけられる子ども等々。パーソナリティや発達の個人差，家庭文化の違いを反映したさまざまな態度や行動で，その子なりの他者への関心を表現する。先に「他者に向かう関心が順調に育てば」と述べたが，それでは「順調に」とは，いったいどのような状態を指すのだろうか。他者への関心，つまり，人との関わりを求める原動力が子どものなかでどのように発達していくのかを，時を遡るようなかたちで見直しておきたい。

2．人との関わりを求める原動力

　ウィニコットの有名な言葉にあるように「（たった一人の）赤ちゃんはいない，い

るのは母親と一緒の赤ちゃんである」。乳幼児は，かつて私たちが想像していた以上に早い時期から積極的・能動的に関係を求める。関係が剝奪されると情緒や言葉の発達に大きなハンディを被り，ひどい場合には身体的成長さえままならない場合のあることを近年の乳幼児研究や児童虐待，遺棄などの症例研究が見いだしている。ヒトは関係に支えられて初めて人として育つ。その最初のものが母子関係，あるいはそれに相当する養育者との関係である。

　母子関係は，乳幼児にとって次の2つの意味できわめて特別である。一つは，はじめは自分の身体が何か，どこから先が外界で他者とは何かも理解しない乳児が母親と渾然一体とした状態を作り，そこから，自他が分化し独立した二者関係に至るまで，信じられないほど長い道のりを変化・成長することである。その意味において，これほど大きな変貌を遂げる関係は他に類がない。もう一つは，乳幼児が自分や他者や世界についての内的イメージを，母子関係の経験にもとづいて形成するということである。その意味で，この関係がその後の人生に与える影響はきわめて大きい。

　適切な養育は，求めれば適切なケアが与えられるという体験をもたらし，乳児の内面に，他者の愛情に値する自己像や友好的で信頼に足る他者像，世界観を形成する。搾取的だったり，大人の都合を優先した勝手気ままな養育は，世の中は何が起こるかわからないという不安や，望まれず歓迎されない自己像，信頼できない他者像を子どもの精神世界に構築する。これらの内的イメージは，乳幼児がこの先に築くあらゆる関係のなかで想起され再生され，自己と他者を含んだ世界を理解する枠組みとして機能する。母子関係以降の経験が，このイメージを修正する可能性ももちろん否定できないが，年齢が高くなるほど修正の余地が狭まり，児童期に至るまでには，子どもの行動に影響を与える相当安定し一貫したイメージとなる。

3. 早すぎる親離れ，遅すぎる親離れ

　R男は小学1年生である。恐がりで一人で留守番できず，母親が短時間でも家を空けると布団をかぶってしくしく泣いている。昔から他の子どもがいると母親の後ろに隠れてしまう傾向があり，いまでも友だちは少ない。やがていじめの対象になるのではないか，無理にでも集団に投げ込んだほうがいいのではないか，と不安になった母親が相談に連れてきた。

　こんな場合，母親の努力はあまり役立たないことが多い。R男の母親も，クラスメートを家に呼んだり，いままで以上に厳しく接してみたり，いろいろやってみるのだが，R男はあまり意に介さない。友だちが来ても自分の部屋に行ってしまうし，両

親がようやく捜してきた空手の道場へも2、3度行ったきり恐がって行かなくなってしまった。じれながら待つこと約10ヵ月、R男はふとしたきっかけから隣の席の女の子とお気に入りの挿し絵入りメモ用紙の交換を始めた。やがてその輪が拡がり、何人かの男女と友だちづきあいをするようになった。

また、K子は小学5年生、小さい頃から手のかからない子どもだった。両親とも理系の研究者で、ときどき帰宅が遅くなる母親に代わって簡単な食事を支度したり、弟の面倒を見ることもあった。母親が家にいるときは、専門書を読む母の傍らで自分も本を読んで過ごした。クラスでは目立たず大人しい印象だが、仕上げる作品の素晴らしさと成績が抜群によいことで皆から一目置かれていた。そんなK子が、ある日突然、目のかすみを訴え、大好きな本を読むことができず、一人で登校するのも恐いと感じるようになってしまった。

医師から身体的問題を否定された母親は、心配と混乱の気持ちが一段落すると、しばらく仕事を休む決心をした。小さい頃よく行った公園にK子を連れていったり、本を読み聞かせるなどして、K子と二人でいるように努めた。はじめは母と二人でいる時間を父や弟にじゃまされることも嫌がるK子だったが、状態が落ち着くにつれ、クラスメートのお見舞いをはにかみながら心待ちするようになった。数ヵ月の至福の時を経て、K子は学校に戻ることができた。

このような例を思い浮かべれば、子どもの親離れのプロセスには、何より「時熟」という言葉があてはまると感じられる。内側のものが熟し、熟したものに委ねて見守ることができれば、子どもは、その子にとって最適のペースで家族内から家族外へと対人世界の輪を広げることができるのだろう。しかしながら、減速されることも加速されることもなく、最適のペースを尊重することは、実際はなかなか難しい。親が大人の都合で早すぎる自立を求めたり、反対に家族から離れるのをそれとなく禁じてしまう場合がある。また、他の子どもとの比較から焦ったり不安になった両親が、子どもの自然なペースを妨害するというのもある。子どもが親の期待を先取りし、自ら進んでペースを崩す例もある。K子のように早すぎる親離れが生じた場合、なるべく早い時期に何らかのかたちで母子関係の不足が補われることが望まれる。

4. 友人関係の発達

友人関係は子どもが体験するまったく新しいタイプの関係である。母子関係や家族関係が大人との関係であったのに対し、年齢的にも体力や知力といった意味でも対等な相手との関係で、自由意志によって選んだものという意味でも、母子関係や家族関

係とは本質的に異なる性質を備えている。2つの対人関係が異なるものだからこそ，友人関係を経験した子どもは，やがて家族関係を修正するような動きをとり始め，そこから家族が変わる可能性が開けるのだろう。

　小学校低学年では，席が近い，帰る方向が一緒，親どうしが知り合い，などの外的な理由が友だちづくりの主なきっかけである。それが中学年，高学年になると，好きな遊びが同じ，話していて面白い，考え方が似ているなどの内面的理由にとって代わる。「自分の意志で選んだ」という友人関係の本質は，このあたりでいよいよはっきりする。そして，一つ二つ別々に生まれた関係がいくつか集まって，一緒に行動したり，同じもので遊んだりするなかで，集団としての結束力を高めていく。

　家族内から家族外の関係へと子どもの対人世界がしだいに拡大する様子は，高橋(1983)の研究結果によく現れている。高橋は，「食事をする」「風呂に入る」「寂しいとき」などの事態を図版にして子どもに提示し，「もし○○するとしたら，最も誰と○○したいですか」と質問したところ，2つの方向で発達変化が見られたという。一つは，子どもが何かを一緒にしたい人物は，学年が上がるとともに，両親から仲のよい友人に移っていくことである。2つには，すべての図版に1人か2人の同一人物をあげるあり方から，図版が示す活動内容に応じて家族や複数の友人のうちから誰かを選択するというあり方に変化する傾向がうかがわれた。

5．ギャング集団の形成

　小学校高学年になると，子どもたち（特に男の子）は6～7人ほどの同性の友人が集まって集団を組み，ちょっとした乱暴やいたずらをしでかす時期を迎える。このような時期のことをギャング・エイジ，そして同性の友人仲間集団のことをギャング集団と呼ぶ。ハドフィールド（Hadfield, 1962）によれば，この集団は「権威に対する反抗性，他の集団に対する対抗性，異性集団に対する拒否性」という特徴をもち，行動を共にすることでお互いに結びついている。

　たとえば，立入禁止の空き地や線路わきで遊んだり，目をつぶって度胸試しをしたり，自転車に乗って遠くの町まで遠出し門限を大幅に遅刻するなど，どこか挑戦的で反抗的な要素を含んでいる。集団の勢いを借りて，いままで試さないできたことを試してみようというわけだ。一緒にやらない者は仲間として認められないが，集団の構造と結びつきの論理は単純で，多くの場合，仲間はずれはそう陰険化しない。しっかり寄り添ってきた親から適切な距離をとるという意味で，また，自分づくりに着手するという意味で，ギャング集団の経験は重要である。

ところが，近年の社会変容にともなってギャング集団の形成はしだいに困難になってきている。一つは空間的な要因で，特に都会では，子ども集団がたむろすような場所がめっきり少なくなってしまった。また，習いごとや塾などの影響で，子どもの遊び時間が細かく分断されてきたという事情もある。かつては日の暮れや夕刻のサイレンにうながされるまで奔放に遊んだ子ども集団が，腕時計を持参して時間を気にしながら遊ぶようになっている。越境者や私学への通学者は，幼少期から大人の手を借りて遊び仲間を作らざるをえず，友人づくりに何らかの制約が加わってしまう。子どもどうしの関係が育たないわけではないが，親世代の影響に反抗・対抗するほどの力をもたないまま，ギャング・エイジを満喫せずに次の段階に進む例が多いのが現状だろう。身体発達の加速現象によって思春期の早い到来が盛んに報告されるが，これも単なる時間的加速が問題というより，そのことがもたらす質的な変化を読みとることが重要である。友人との結びつきがまだまだ心許ないうちに内面の大きな揺さぶりが子どもを襲えば，保坂（1998）が指摘するように，子どもは再度，親との関係に回帰し，そこからの離脱が困難になると考えられる。

6. もらい子幻想と孤独の予兆

　最後に，小学3，4年生にしばしば見られるもらい子幻想についてふれておきたい。「いま一緒に暮らしている親は本当の親ではないのではないか，自分はどこかよそからやってきた者に違いない」という幻想を，誰でも一度は抱いたことがあるだろう。フロイト流にいえば，児童期はイドからの脅かしが最も少ない安定期だが，その時期においてもこれまで見てきたようないくつもの内的変化が進行している。小倉（1996）は小学3年時の自身の体験談を述べ，1，2年生の子どもは恐くてとてもそんな想像はできず，5，6年生になると現実的な考えに押されて消えてしまうが，3，4年生という非常に哲学的で思索的なものの見方をする時期に，宇宙や世界のなかにたった一人存在する自分に対する気づきが，もらい子幻想というかたちで現れると述べている。この時期，やがて訪れる本格的な親との訣別と孤独を予兆して，戦慄する子どもが確かにいる。実際の訣別のときまでに孤独をいやすような友人関係が順調に形成されていることが再度望まれるし，それがないところで不安や痛手，違和感を抱えてしまう子がいないかどうか，敏感に感じとっていくのは，周囲の大人たちの重要な役割である。

4 環境としての学校

1.「小学校」という新たな空間

　子どもたちが「小学校」に入学し,「小学生」となる時期は,発達的にみると,彼らが「児童期」に入る時期と重なっている。6歳頃になると,子どもたちのなかには,有能な社会成員になるための基礎的技能を学ぶに必要なレディネスが成熟すると私たちの社会は判断し,それゆえに,将来の社会を担っていく成員を育成する社会的仕組み（「学校」）のなかに彼らを本格的に組み込んでいくのである。児童期に関するこのような認識と,この時期に子どもたちを学校教育のなかに参入させるという行動は,多くの社会が共有しているものでもある。

　それでは,子どもたちの生活空間は,この「学校」という新たな空間の出現にともなって,どのように変質していくのだろうか？　あるいは,学校という空間は,それまで彼らが過ごしてきた空間とどのように異なるのだろうか？

　幼児期まで,子どもは家庭という私的な空間を拠点にして生活をしてきた。彼らにとって重要な他者（significant others）は家族であった。学校の出現は,この対人的空間を大きく変質させる。重要な大人として「教師」が出現し,同時に,多くの「同年代の子どもたち」と「学級」という集団を作って一緒に過ごす,という大きな変化が生ずる。

　子どもたちはそれまで「遊び」を主軸にして,自分を表現し,自分を作り上げ,友だちとの共有世界を形成してきた。しかし,学校に行くということは,子どもたちの生活の主軸が「遊び」から"勉強"という「仕事」に変わることである。有能な社会成員になるのに必要なさまざまな技能を「学ぶ」ことが,大きな圧力の下で,求められるようになる。

　幼児期まで子どもたちは,しばしば,遊びにともなう「空想」を通して,自らの有能感を作り上げてきた。しかし,学校のなかで問われるものは,将来の労働に必要な技術的・社会的な基本原理を学習し,それにもとづいて,ものごとを実際に操作し,実際に他者との協同の関係を結んでいくという,現実的な有能さ（competence）で

ある。

　このように，子どもの生活空間は，私的空間から公的空間へ，遊び空間から学習空間へ，そして空想空間から現実空間へと，大きな変貌を遂げる。「この時期に至ると突如として，遊びが仕事に，ゲームが競争と協同に，想像力の自由奔放さが技術に充分な考慮を払いつつ遂行する義務に変貌する」というエリクソン（1977）の言葉は，この変化を表現したものであろう。

　もっとも，家庭から小学校への環境移行の間に，幼稚園や保育園という空間が存在する。しかし，家庭から幼稚園への移行は，「教師」という新しい大人との出会いと，「同年代の子どもたち」という大きな集団への参入という点で大きな変化をもたらすが，上述の「遊び空間から学習空間へ」「空想空間から現実空間」という空間の質の本格的な変化は，小学校への入学と同時にもたらされるといってよい。

　子どもたちは，この空間のなかで，大きな成長を遂げていく。先人たちの知恵の集積であるカリキュラムを通して，ものごとの本質と仕組みを的確かつ系統的に学んでいく。教育の専門家である教師の助力で，その学びがさらに的確にそして生きたものになる。家族をはるかに超える大きな集団を通して社会や組織と出会い，家庭で出会う他者をはるかに超える多様な他者との出会いを通して，自分を形成し，他者との交流の仕方を学んでいく。教育は，このように「対象世界の意味の構成（世界づくり）と対人世界の絆の構成（仲間づくり）と自分自身の存在証明（自分づくり）」（佐藤，1997）をうながすことを通して子どもの成長を支える重要な営みなのである。

2. 環境移行①——家庭から学校へ

　しかし，この新たな空間への移行は，同時に，子どもたちを試練にさらし，危機に陥れる。これまで馴染んできた空間と新たな空間とのギャップがきわめて大きいので，新たな空間に適応することに大きな困難がともなうからである。一つの環境から他の環境に移行するときに人間が経験するこの種の困難は「環境移行」（environmental transition）の問題として，これまで探究されてきた。本章では，小学校への環境移行にともなって，どのような困難が生ずるかという観点から，学校という環境を考えてみよう。

(1) 一般的な困難

　小学校への入学にともなう最も大きな変化は，前章でも述べた通り，子どもが親から離れ，家庭から離れて，家族以外の他者だけで構成される大集団に入っていくこと

にある。親との緊密な結びつき，親からの保護，家庭的なぬくもりは，そこでは失われる。子どもは「1年生になった」という自分の成長に対する喜びと誇りを感じると同時に，未知の新しい空間を不安をもって眺め，親との絆が断たれた空間に恐怖を感じている。小学校低学年時に生ずる不登校の背後に，「分離不安」(separation anxiety：親との絆が断たれることへの不安）という心理機制がしばしば見られるのは，このような理由による。

　遊び空間から学習空間へ，空想空間から現実空間へという変化もまた，子どもに大きな内的世界の変換を迫る。遊びや空想の背後に潜む自己中心性や，遊びや空想によって保たれていた有能感から脱け出して，<u>自分の外側の世界</u>に存在する事物や他者に向き合い，ものごとそのものが動く原理や他者がそれぞれに抱く思いがあることを学び，それらに合わせたり交流したり対立したりしながら，自分の存在感と有能感を形成していくという困難な課題にさらされるからである。子どもの萎縮，閉じこもり，あるいは暴力等の行動の背後には，これまでとは異なる空間のなかで，これまでとは異なる仕方で（現実の外界との現実的な関係のなかで）自分の存在感と有能感を獲得していこうとする苦闘が滲んでいる。

⑵　個別的な困難

　これらの困難が，家庭から小学校へという環境移行にともなって誰もが出会う普遍的あるいは一般的なそれとすれば（もちろん，その背後には幼児期から児童期へという発達的な移行にともなうそれも含まれている），ある特徴をもつ子どもが，ある特徴をもつ学校や学級や教師に出会うときに抱える個別的な困難もある。

　この種の困難のなかで最も大きなものは，子どもが馴染んできた家族の文化と，学校や学級や担任教師や級友たちがもつ文化との間に，大きな開きのある場合であろう。

　たとえば，山本（1975）は，五代続いた農家の古い価値観のなかで育った女児が，暴君的な担任教師とは相性がよかったが，作文指導や民主的学級経営等の新しい教育方法をとる教師とは相性が悪く，やがて不登校になった事例をあげている。上下の支配−服従関係を強調し，大人の言うことに従うことを求め，自分の気持ちや考えを抑えたり我慢することを良しとする古い封建的な家族のなかで育ち，それに適応することを通して自分を形成してきた彼女にとっては，相互の対等な関係を強調し，まず自分で考えることを求め，自分の気持ちや考えを積極的に表現することを良しとする近代的な担任教師の方針に適応することはきわめて難しいことだったのだろう。担任の求めるあり方に自分を合わせていくことは，彼女がそれまで身につけてきた考え方や行動の仕方を根底から崩すことになるからである。担任の求めるように行動を変える

と（たとえば自分の気持ちを表現し始めると），家族に厳しく叱責されるというように，親の考え方と教師のそれの間に引き裂かれるという辛い経験があったかもしれない。もっとも，すべての児童がそのような苦しい思いをしていたわけではなく，多くの児童は担任の働きかけに応じていきいきと自分を表現し始め，学級は活発な雰囲気を醸し始めたと思われるが，それは前述の女児をさらに苦しい孤独感に追い込んだであろう。

　不登校を経験した子どもたちやその親の書いたものも読むと，「ゆっくりと，自分のペースで，自分の歩幅で，納得がいくまで自分で考える勉強をしたい」という個性をもつ子どもが，「盛りだくさんのこと」を「速いペース」で「機械的に暗記する」ことを求める学校教育についていけずに潰されていく姿，あるいは自分の個性を大切にしたいと思う子どもが，特定の規格のなかにすべての子どもを強引にはめ込み，すべての子どもを「同じ色に染めようとする」学校教育のなかで，「学校に行くと自分が失くなる」と訴え始める事例にしばしば出会う。ゆっくりと自分のこだわりを大切にしながら納得のいくまで考える男児が，そのような学校教育に対する違和感を「（僕が）一生懸命ジクソーパズルをやって，後ひとつで出来上がるっていう時に，それをひっくり返されてしまうような感じなんだ」と表現した事例，あるいは「息子は小学校2年生の頃，（絵を）描くたびに，茎が太すぎる，胴が長すぎる，葉っぱが大きすぎる，余白があり過ぎる等々と評されていたし，作文も教師のイメージ通りに書き直され，学校が嫌いになっていった。学校に行かなくなってから1年位経ってから『学校へ行くと自分が失くなる』と言った」という，子どもの親の表現には，学校に対する子どもの違和感が的確に表されている（石川ほか，1993）。これらの表現は，同時に，個人主義的な文化へと急速に傾き始めた家族と，依然として集団主義的な文化を保持する学校の対立という，わが国の近年の教育状況を反映するものでもあるが。

　家族の文化と学校の文化の間のギャップ，親の考え方と教師のそれとの間のギャップだけでなく，家族集団の質と学級集団のそれとの間のギャップも，子どもに大きな影響を与える。たとえば，一人ひとりの家族成員がそれぞれマイペースで動くような拡散的な家族集団のなかで育った子どもは，学級集団の団結を強調して「何でもみんなで一緒に」というあり方を重視する学級のなかでは，「息苦しい」と感じる。彼が彼らしくいられる安心できる空間は，他者との間に適切な距離のある空間，一緒にいたいときには一緒にいることができ，一人でいたいときには一人でいられるような，マイペースが許されるような構造をもつ集団だからであろう。逆に，家族成員がいつも仲良く一緒にという凝集的な家族で育った子どもは，お互いが拘束し合わずにそれぞれマイペースで動くような学級のなかでは，「皆がよそよそしい」「皆が冷たい」

「まとまりがない」「どこにいたらいいかわからない」という戸惑いを感じるだろう。いずれの場合も、子どもはそれまで馴染んできた空間のなかで学び、自分の行動様式として身につけたものが、新しい空間では「通用しない」と感じ、自分が窒息してしまうような危機、自分が潰れてしまうような危機、あるいはどうしていいか皆目わからないという危機に直面する。

3．環境移行②──幼稚園から小学校へ、学級から学級へ

子どもにとって重要な意味をもつ環境移行は、家庭から学校へという移行のなかだけで生ずるのではない。幼稚園（保育園）から小学校への移行、あるいは小学校に入学した後の学級の編制替えや担任教師の交替による移行も大きな意味をもつ。

たとえば、近年、学級崩壊という新たな現象に関連して、幼稚園の自由保育が注目を浴びている。子どもが、自分の好む場所で、一緒にいたい友だちと、自分のしたいこと自由に取り組み、それによって自分を形成していく「自由保育」の場から、一日中教室のなかの自分の座席に座り、学級集団という固定的な人間関係と固定的な時間

●図4.1 子どもの教師内地位指数（順位）の変動

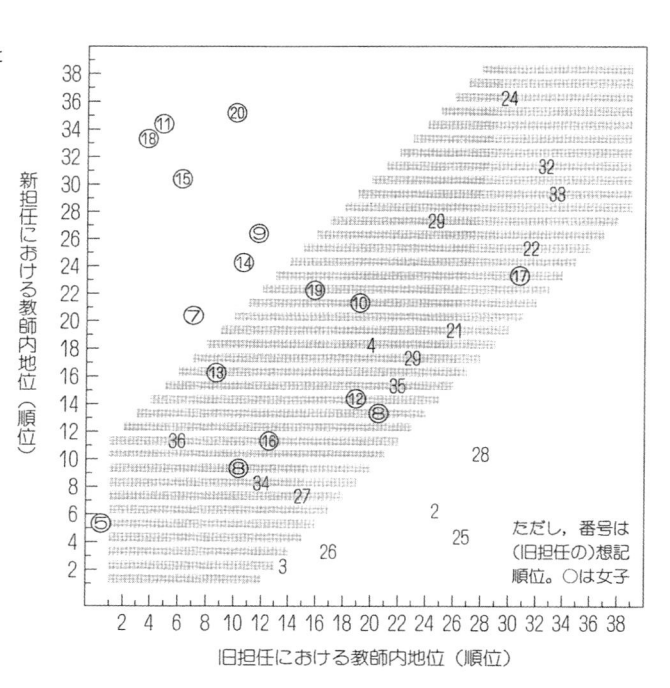

（縦軸：新担任における教師内地位（順位）／横軸：旧担任における教師内地位（順位））

ただし、番号は（旧担任の）想記順位。○は女子

割のなかで，教師から与えられた課題に取り組むという小学校という場への移行が，子どもたちのなかに大きな混乱を起こすことは，ある意味で当然のことであろう。

　小学校に入学後，学年の進行にともなって学級の編制替えがあり，担任教師が替わったり級友の構成が変わることも，重要な環境移行である。図4.1は，同一の学級で，担任教師だけが替わった場合に，旧担任と新担任との間で，子ども一人ひとりに対する見方がどのような変化したかを示したものである（近藤，1994）。数値は，教師が子どもたちに期待する「望ましい子ども像」と，子どもたち一人ひとりに対して教師が抱く認知の間のズレを，順位で表したもの（教師内地位指数）である。子どもの順位が高いほど，教師がその子を「望ましい像」に近いと認知していることになる。中央のあみかけ部分は，旧担任における地位と新担任におけるそれの順位の変動が±10以内の子ども（順位があまり変動しなかった子ども）を示している。左上の7人の子どもはすべて女子であり，旧担任には肯定的に評価されていたが，新担任には否定的に評価された子どもたち，一方，右下の5人の子どもはすべて男子であり，旧担任には否定的に評価されていたが，新担任には肯定的に評価されるようになった子どもたちである。教師の言う通りに迅速に動くことを求める旧担任のもとでは，指示通りに動ける女子が肯定的に評価され，自分の思いのままに動くいたずらな男子たちは否定的に評価されていたが，自分なりの思考や自分なりの探究を求める新担任のもとでは，この女子たちは「指示がなければ動けない子」として否定的に評価され，一方いたずらな男子たちは「自分の考え，自分独自の探究がある子」として肯定的に評価されるようになったのである。

　学校に行くということは，このように，さまざまな環境の変動にさらされることである。それにともなう子どもの危機を教師は的確に感知し，円滑な移行を助けなければならない。もっとも，子どもはこのような変動のなかで鍛えられていくのでもあるが。

5　子ども文化

　「自然を分析する人は自然を破壊し，自分を傷つけることもある。しかし，自然とつながる人は，自然とともにあり自分を大切にする。おなじように，人を分析する人は人をあやつり自分を操作することもある。しかし，人とつながる人は人とともにあり自分らしく生きる。」
　これは，筆者が勤める大学の人間学習領域という一連の授業群の内容を象徴する言葉である。この言葉のなかで「分析する」とは知的に理解したり位置づけること，「つながる」とはともに生きたりともに何かを作り出すことを意味する。本章では，子ども文化を分析し操作するのではなく，子ども文化とつながり子どもたちと共に生きることを考えたい。
　大人はともすると，子どもをコントロールしようとする。コントロールすまいと思っていても，大人の思いから子どもをより善い存在に育て上げようとする。このとき，おうおうにして，あらかじめ目標や方法，基準を設定してしまう。そして，目標や方法，基準への適合性や達成度の観点から，子どもをとらえ操作してしまうのである（村山，1989）。
　子どもと大人が，外的な基準や目標，方法にとらわれずに，ありのままに関わりあうこと，これが理想である。これができたとき，大人と子どもが相互に自由で親密な関わりを作り上げていく。このプロセスを通して自分の枠組みが広がっていく（山口・津村，1992）。そうしたプロセス自体が今ふうにいうと，創造であり，共感であり，癒しである。
　しかし，現実には，それができない。身につけさせねばならないことや体験させたいことがたくさんあるから，そして一度規律が崩れ始めるととめどがなくなると困るから……。われわれは，長い間，学歴社会的序列化という画一的・外的基準を社会から押しつけられ，程度の差はあるものの学歴社会への適応を果たしてきたし，親や教師となったあとは，子どもにもそれをさせてきた。このとき，ともすると内面は置き去りにされ，多様で個別的である内発的動機づけや内的基準に従うことは逸脱とされ，意味・目標の発見や内的充足は軽視されてきた。子どもは外的適応を達成し高い序列

にのぼり着かせる将棋の駒であり，大人は駒を操作する機械であった。外的な適応が過度に強調されるあまり内的な充足は忘れられたり，外的適応と内的適応が分断され別々のものとされてきた。

このあとまず，外的適応を達成させる対象として子どもの分析をすることと，豊かな内面をもち内的充足をしようとする相手として子どもとつながることの違いについて論じる。続いて，子どもを分析するためではなく子どもとつながるためにという視点から見ると子ども文化はどのように見えるのか，また，子ども文化と実際にどのようにしてつながることができるか論じたい。

1．分析対象としての子ども，つながる相手としての子ども

神戸の少年による連続殺傷事件や栃木の少年による中学教師刺殺事件という衝撃的な事件をきっかけに，子どもの心が危険な状態にあると議論されるようになった。そして，従来の子どもをとらえる枠組みは「キレル」「むかつく」「学級崩壊」などの衝撃的な新造語（？）によって打ち砕かれ，大人には子どもの心をとらえきれない，子どもが見えなくなっていると論じられた。こうして，今日では，子どもを語るときは「子どもが危ない」「子どもが見えない」の2つの言説（ものごとの論じかた）が主旋律として展開されるようになった。

しかし，「子どもが危ない」「子どもが見えない」という言説は，ワイドショーが取り上げる「こわいもの見たさ」や「となりの不幸は密の味」的な言説であり，少年法改正や教育改革，教育批判の根拠とされることで過熱化した言説である。そして，筆者が行った調査では，むしろ過去3年間で子どもたちは学校に対して適応的にすらなっている（樋田，1999）。それゆえ現段階では，上述のような言説で子どもが問題だと述べるのは，根拠が不十分である。それなのに，なぜ，人はかくも大声で上述のような子ども言説を語るのか。その理由の1つに，言説を語る者は，本当は子どもについてではなく，政治や経済，社会，文化を語りたいということがあげられる。子どもを語ろうとすること，そして教育を語ろうとすることは，政治を語ることであり，経済を語ることであり，社会を語ることであり，文化を語ることなのである。そもそも「子ども時代」という人生の区切り方自体が恣意的なものである。アメリカの文化人類学者ミードの『サモアの思春期』によって青年期は人類普遍のものではないことが明らかにされているが（ミード，1976），人類普遍ではない「子ども時代」を語ることは，子どもを語る視点や立場を必然的にともなうのである。そこに，政治，経済，社会，文化などが入り込むのである。

近年になって，子ども観研究の分野で，アリエスの『〈子供〉の誕生』（1980）が，西洋社会では人生の一時期を子ども時代として区切り，この時代に教育投資を行い，成人してから成果を得るというやり方が近代になって誕生した方法であることを明らかにした。わが国では，小浜（1985）が，子どもが政治主体形成の素材や統制の対象，無垢という理想やその他の理想を押しつける対象として語られ処遇されていることを明らかにし，その後，多くの研究者が立場を異にしながらも，これに続いている（諏訪，1990；佐々木，1984；由紀・夏木，1980；今津・樋田，1997）。「子ども」は自明のことではなく，低年齢少年を何らかの問題と結びつけたり，何らかの対象にするためのくくり方なのである。

　このように，「子ども」は，政治的，経済的，社会的，文化的な把握と操作の対象である。しかしながら，現実にわれわれの目の前にいるのはそうした「子ども」ではなく，花子や太郎である。花子には花子のにおいがあり，太郎には太郎の温かさがある。花子や太郎とともに歴史を作り上げてきた大人たち（たとえば両親や教員）にとっては，花子や太郎の存在は，政治的，経済的，社会的，文化的等々の対象であるだけでなく，それ以前に，感情の相手であり，イメージで結びつけられており，直観でつながっており，身体で触れあうことができる相手である。目の前の机や椅子よりも確かな存在であり，山や岩よりも絶対的な存在である。

　ところで，目の前の花子や太郎も「子ども」である。つまり，「子ども」である花子と「子ども」である太郎が実在するのである。それゆえ，花子や太郎は冷たく分析する対象であるとともに，激しく拒絶したり温かく受容する対象である。部分人格的な対象であるとともに，全人格的な対象である。知的に位置づける対象であるとともに，感情やイメージ，直観，身体でつながる相手である。問題として論じる対象であるとともに，感情をやりとりしている相手である。未来への投資や操作の対象であるとともに，いま，目の前にいるありのままの相手である。つまるところ，目の前にいる花子や太郎は「子ども」でもあるし，同時に花子や太郎でもある。分析や操作の対象である「子ども」としてのリアリティとつながりをもつ相手である個別的な存在としてのリアリティを，同時にとらえる必要がある。

2. 子ども文化のリアリティ

　文化とはその集団に固有の価値，規範，行動様式のことをいう。文化はそれ自体の発展法則をもっており，集団成員の意識を超えて存在し，集団成員の行動や態度を規定する。人は，その文化を内在化することにより，他者や集団内の諸組織とのつなが

りを築くことができる。また，集団内で許容された方法で，自分の内部にわき上がる欲望その他のエネルギーを消費できる。フロッピー・ディスクでたとえるならば，単なるスペースでしかなかったわれわれの周囲の空間を，文化で初期化することによって，花子や太郎の生きる空間・人と関わる空間に作り変えることができるのである。

子ども文化は，予期的社会化の内容と方法，すなわち，「子ども」を将来のための投資対象化する内容と方法によって，強く規定されている。このことを，戦前期までの予期的社会化と戦後の予期的社会化との比較で見ると次のようになる（樋田，1994）。

かつて日本の村では，学びの主要な目的に一人前の村人になることがあり，その一人前の基準は，田植えを一定の時間にどれだけできるか，村のルールを守れるかなどの具体的，日常的，多様なものであった。基準が具体的であるということは，自分を具体的に認識できるし，日常的であるということは自分を偏差値のような抽象的な尺度の世界ではなく，生活のなかに位置づけることができた。また多様な基準のもとでは，「花子はこれが得意だが太郎はあれが得意だ」というように，子どもは仲間を見るときも自分自身を考えるときも多元的に考えることができた。

村の学習組織も村の生活に根ざしたものであった。子どもは日常の生活のなかから自然に多くのことを学習した。この学習内容に即して意図的に作られた学習組織として，童子組や若者組，娘組などがあった。これらの組織の特徴は，日々の仕事や祭りの仕事などを分担することで，村の運営に参画していたということである。子どもは大人社会から逸脱するのではなく，むしろ大人社会とともに村の運営に携わっていたのである。また，これらの組織はきわめて自治的であり，自分たちのことは，仕事も組織の運営も人間関係の処理も含め，すべて自分たちで決め自分たちの力で行った。さらに，子どもの人間関係は，共同作業を通じて，家族関係のような全人格的ですべての側面にわたったものになっていた。

このような予期的社会化の結果，子ども文化は日常的で具体的で多元的であり，社会との連続があり自治的であり全人格的であった。戦前期まで一般的に行われていた鳥追い祭り等の子ども祭りや，子どもどうしで山や川に泊まりに行くこと（今ふうにいうとキャンプ）等が，こうした子ども文化の特徴を表している。この時代には，花子と太郎は子ども文化で学んだものを使って生活し，自己表現・自己実現する太郎と花子であった。

今日では，子どもの学習は，学校での学習の占める比重が大きくなっている。この背景には，一人前の基準の変化があげられる。科学進歩や社会変化の速度が速くなり，次の時代に生きるために必要な科学的に作られた知識・技能が求められるようになっ

た。また，個々人の可能性の十分な開花のためには，子どもを狭い村や町に適応させる技術・技能ではなく，普遍的な科学体系にもとづいた技術・技能が必要となった。学校での学習には次のような特徴がある。まず，子どもは家族の子として生まれるが，そのあとで学校で児童化・生徒化される。このとき，学校での教育は家庭生活（実生活）とは離れたところで行われる。生徒の学習組織には若者組の学習と違って自治はない。学校では，教師が権力者として君臨している。子どもはよそ者である教師への服従のなかで教育を受ける。子どもは，全人格的に受け入れられるのではなく，「善い」存在への可能体，あるいは「善い」存在の素材として扱われる。しかもこのとき，教師は進歩，変化，普遍性などの言説にとらわれており，その方向において「善い」存在へと児童・生徒を導こうとする。このとき，進歩や変化は「いまここ」での自分の否定，普遍性は多様性や人間性の否定と容易につながる。

　もちろん，子どもは，「いまここ」での自分や自分の多様性・人間性を一方的に否定されているだけではない。生きる空間，関わる空間としての文化を形成する。たとえば，ドッジボールや軍艦（「軍艦」「ハワイ」「沈没」などと唱えながらじゃんけんをする手遊び）その他の手遊びに見られるように，身体性をともなう遊びも行う。しかし，今日の子ども文化では，子どもの児童化・生徒化の影響を受けて，テレビゲームのような日常性・具体性がなく，社会とのつながりや子どもどうしの全人格的な関わりのない遊びが主流であり，また，遊びと結びついた何かを収集するに際しても自分たちで作ったり拾い集めたものでなく臭い玉，折り紙，練り消しゴムのような規格化された商品を集める。かつての村の子ども文化と比較するなら，日常性・具体的性・多様性を失い，社会との連続を失い，そして部分人格的な傾向にある。今日では，花子や太郎の子ども文化を見ても，花子や太郎を感じとることはできにくい。児童化され，子ども商品に囲まれた花子と太郎しかそこには見えないからである。

3．子どものルネッサンス

　ただし，子ども文化や花子と太郎のリアリティが完全に失われたわけではない。自然体験や親子での遊びなど，児童でない部分には，日常性・具体性・多様性が残り，社会との連続や子どもの自治性や全人格性が息づいている。つまり，学校外では花子と太郎のリアリティが生き残り，そのことに気づいた大人たちは，公園に自然の樹木を保存し，自然のなかで遊ぶための道具を用意したりそれを援助する大人を配置するプレイパーク運動に見るように，意図的に花子と太郎のリアリティを育てる環境を与える試みをしている。また，総合的な学習の時間の導入などにより学校の脱学校化と

子どもの脱児童化が始まろうとしている。

　このような流れのなかで，親や教師などの大人が，子どもを分析したり操作するのではなく，子どもとつながろうとするとき，すなわち，子どもと共にあり，共に何かを創り出そうとするとき，それが遊びであれ，家族生活であれ，学校生活であれ，子ども文化における政治性・経済性・社会性・文化性は，子どもに対して新たな形で，つまり日常的・具体的・多元的なものとして現れる。そして，花子と太郎は子ども文化のなかに生活し，自己表現・自己実現を行うようになる。

6 学びと体験

1．閉じられた学びの場

　学びは，学校という場だけでなされるものではない。日常生活のなかでも，子どもは具体的な生活体験のなかでさまざまなことを学んでいる。しかしその学びの多くは，「このようなときはこうすればよい」といった実践知であり，なぜ（why），を問わない状況的な知である。したがって状況的な学び（日常知）が成立しても，それが一般化しうる科学的な知とはならないといわれる。

　それでは学校での学びとは，子どもにとってどのようなものなのであろうか。学校は歴史的に，そのような日常的な生活概念に対抗して，（西欧の）科学的な概念を体系的，意図的に学ばせる場として登場してきたのである。その意味で，学校での学びは子どもにとっては日常性から遠ざかっていく抽象的なものとなる宿命を背負っている。それは，ことがらを論理－抽象的にとらえ，命題的な知識や抽象的概念を駆使しながら，いかに効率よく無駄なく情報を処理するかといったことが学びの中心となってくるからである。

　小学校の低学年では，まだ生活科のように日常生活とのつながりをもたせるような学びが見られる。しかし中学年頃になると事情が変わってくる。日常の具体的な生活とのつながりが見えにくい抽象的な概念や知識の学びへとの中心が移行してくるのである。それとともに，学んでいることが自分の生活の何とどのようにつながっているのか，自分が何のために学んでいるのかが実感されにくくなってくる。その結果，子どもにとって学びは強いて学ぶ勉強になってしまいがちになり，学ぶことの面白さや楽しさがあまり感じられなくなってくる。

　日常知が，生活上の必要性から能動的に学びとられるのに対して，ともすれば学校での学びは子どもの関心や興味とは無関係に教授されるといった受動的な側面をもっている。その意味で，学校での学びが，知らず知らずのうちに子どもにとっては自分の生活や身体から離れた，実際には役立たない学校のなかだけの閉じられた特殊な学習活動になっているのではなかろうか。本来，学びの楽しさや意義は，自分の身の周

りのことがらがそれまで以上に深くわかり，自分の生活がより豊かになったと実感できるところにある。そのような学びの意味や楽しさが，学校での学びに見いだせないのである。

2. 生活とつながる学び

(1) 場面特殊な学びと抽象的な学び

　実践的な生活の場のなかで，人はさまざまな学びの有能性を発揮している。しかし，そこでの学びはきわめて場面特殊的であり，特定の場面では有能であっても，応用力や転移力をもった学びとはならないことが指摘されてきた。ブラジルの都市の路上でココナッツやキャンディを売り歩く子どもたちの研究がある。貧しいため学校教育をほとんど受けず，街頭で物売りの仕事をしている子どもたちは，それらの物を売るのに値段を計算し，客におつりを渡すことにはきわめて熟練しているという。しかし，物を売るといった実践的文脈から離れて，通常の式だけが書かれているような学校での計算課題をすることは難しかったのである。

　梶田（1998）は，ある夜間中学の数学の授業でのエピソードをあげている。先生は問題プリントを配って，「215＋368＋796＋103＝（　　）」のような三桁の足し算を教えていた。30，40代の女性がほとんどであった生徒は，プリントの問題を解いてから，先生に当てられると，黒板の前に出て問題と答えを書く。そこで答えには間違いがないが，解答するスピードが遅く，あまり自信がないように先生を振り返っては表情をうかがい，承認を求めていたのが印象的であったという。しかし驚いたことは，このような自信のなさを示すのに，問題を別の形に置き換えると，すぐにできるのである。すなわち「ミルク215円，りんご368円，鶏肉798円，とうふ103円，を買いました。全部でいくら払えばよいか？　また，2000円を出すと，いくらおつりがくるか？」という買物ゲームに見立てると，三桁の足し算はもちろん，2000円からの引き算も難なく解答することができるのである。これは数を抽象的に処理することは難しいが，買物といった日常の生活的な文脈のなかで処理させるときわめて有能になることを示している。これらは，学びが状況依存的，場面拘束的になされているため，それらの具体的状況や文脈から離れては転用や応用がききにくいことを示唆している。具体的な文脈と切り離して数を抽象的に扱うことが難しいのである。

　学校の算数では，日常の生活論理では経験しない数学の論理だけにもとづいた言語表現が見られる。「ねこが　3びき　います。4ひき　きました。ねこは，みんなでなんびきに　なりましたか？」「ねこが　なんびきか　います。そこに　4ひき　き

ました。ねこは　みんなで　7ひきに　なりました。はじめに　なんびき　いましたか？」といった問題を考えてみよう。前者の問題は1年生には簡単である。しかし後者になると，正答率が2，3割をきるという。最初にねこが何びきか（x）いて，4ひきが来て7ひきになるといった場面は，そもそも子どもの生活場面のなかには存在しない。したがって，子どもが日常で使用するそれまでの言葉（表現）とは異質である。このような未知数のやりとりをはじめに含む算数問題は，数学の論理としてはありえても，子どもの日常の自然な「生活文化の論理」では，ほとんど体験しない場面であり，そのことが算数の応用問題での理解を難しくさせる大きな原因の一つになっている（梶田，1998）。したがって同じ構造をもつ問題であっても，「○○ちゃんがこの袋の中にあめを何こかいれて持っていました（あらかじめ3こを袋に入れておく）。それからお母さんが○○ちゃんにあめを6こくれました（数えてからその袋の中に入れる）。じゃあ開けてみましょうか（といいながら袋の中のあめを取り出して数える）。いま，○○ちゃんは9こ持っているね。じゃあはじめにこの袋の中に何こあったかな？」といった，より自然な日常場面に替えて表現すると，正答率が2倍以上に上昇したという研究（塚野，1984）も見られる。

　これらのことは，何も算数の授業で使用される言葉だけに限ったことでない。学校における学びの特質の一端を示しているのである。このような学校の学びに適応するには，その学びの論理や形式，日常とは異なる学校場面に特殊な言葉の使い方や語り口を理解し，それに馴染まなければならないのである（岩田，1996）。

　繰り返すが，学校での学びは，応用や転移力をもつ一般性のある抽象的な科学的概念やルール的命題知識をねらいとしている。そこには抽象が理解できれば，応用としてその事例である具象は必ず理解できるという前提がなされている。確かに理屈のうえではそうなのだが，そこに落とし穴もある。梶田は，先ほどとは逆説的なエピソードをあげている。満5歳の年中児に，一桁や二桁の足し算と引き算を教えている。はじめは「$3+5=(\ \ )$」などの一桁の計算から始めて，しだいに「$15+20=(\ \ )$」「$20-10=(\ \ )$」など二桁に移っていく。当初は時間がかかるが，着実にできるようになり，小学校に上がる前には，1，2年生レベルの計算はできるようになる。ところが，それら二桁の計算のできる子どもに，今度は店にいろいろな値札をつけて並べられた品物から，買物をしておつりをもらってくるという買物ごっこをさせるのである。「鉛筆35円とボールペン55円を買いました。いくら払ったらよいでしょうか」といった買物ごっこをすると，子どもたちははたと困ってしまい，時間がかかるし，間違いも多く面白いゲームにならなかったという。

⑵　具体と抽象の往還

　それでは，2つの場面はなぜつながらなかったのであろうか。このことは学校での学びを考えるうえでも示唆的であるように思える。

　一見，この幼児は数を抽象的に処理することを学んだように見える。しかしそうではなく，単なる計算の手続き（手順）を機械的に適用することを学んだにすぎなかったのである。だからこそ，買物ごっこといった具象的な文脈で，その学んだことがどのように関係するのかが理解できなかったのである。この幼児が学んだことは，数の抽象的な処理ではなく，もう一つの場面拘束的な手続き的知識にすぎなかったようである。みかけは抽象的に数を取り扱えることが，必ずしもそれを具象の水準で扱えることを意味せず，この幼児にとっては両者がつながらないまま別のものとしてあったのである。その意味では，真の抽象的な学びにはなっていなかったともいえる。

　学校では個々の具象を超えて，より一般的・抽象的な命題を学ぶことがめざされる。したがって具象は抽象に包摂され，その抽象から具象が導かれるはずである。しかし，教育の実際がその思惑通りになっているかどうかはまた別問題である。そのようなねらいのもとに授業が行われても，そこで学ぶ「抽象的な命題」を単に記憶するべきものとしてだけ学んでいることも考えられるのである。そのような抽象的命題の学びは，そこから具象が導かれるわけではなく，まったく応用力や転移力をもたない暗記的な学びにすぎないのである。じつは，このような危惧は，特に学校の学びにつまずく子どもたちを見るとき，その感を強く抱くのである。

　具体的な体験に根ざしつつ，特定の具体的な場面や文脈に拘束されない，より一般化・抽象化された概念や命題の学習へとつなげるような学びが確保されなければならない。さらに，具象から帰納的に導き出された抽象は，そこにとどまることなく，ふたたび演繹的に具体的な事象に還され，具象との関係に戻してとらえられる必要がある。ともすれば学校の勉強は，子どもにとっては抽象的な学びに終始してしまいがちになる。それでは具象とのつながりを失った抽象化，具体的な生活と結びつかない勉強になってしまうのである。学んでいることが自分の生活のなかでいかに役立つか，学びによってそれまでの世界の意味理解がいかに深まるかといった，学びのそのような実感的意味を喪失させていくことにもなるように思われる。特に学年が上がるにつれて，学びの内容はますます時間的，空間的に広がり，概念的，抽象的なことがらになる。直接には触れられない，直接には体験学習できないことがらが多くなってくる。そのようなときでも，具体的なイメージを想像させたり，子どもの生活のなかの何かにたとえるといった，子どもの身近な体験やことがらとつなげていくような授業の工夫が大切になってくる。

このように考えるとき，具象と抽象を往還するような学びを教室のなかに作り出していくことこそが，学校（テスト）という場のみに特殊的な知からの脱却を可能にするのであろう。そして，それが子どもから真の学びの力を引き出し，子どもの生活を豊かにしていく学びを創っていけるのではなかろうか。

3．体験的な学び

(1) 学校の学びの問題点

　一般化しうる抽象的な命題知識は，その汎用や転用性にとって重要なことはいうまでもない。しかし抽象的な命題知識の根っこ（裏づけ）は，あくまで体験的，状況的な具象や実感にある。絶えずそこから出発し，そこへ還っていかなければならない。ともすれば，学校での学びが教師の意図とは違って，根っことつながらない命題的知識の丸暗記になってしまうといったことも見られる。

　そのような学校の学びが抱える問題への気づきがなされ始めた。そして，根っこをもった，子どもの生活体験につながった学びを回復しようとする試みがなされ始めている。小学校低学年の生活科という発想もそうであろう。従来の理科や社会といった教科区分ではなく，それ自体としての生活を対象にしている。生活そのものに根ざした，子どもの生活とつながりをもたせる学びである。これは既存の教科の枠を超えて生活と結びつけた学びの工夫である。

　小学校の中学年からの「総合的な学習の時間」もそうであろう。それは，社会の変化に主体的に対応して行動できる（生きる）力を身につけさせようとして構想されている。正式には2002年から新設されるが，現場ではさまざまな先導的な実践例が報告されている。この総合的な学習では，情報，環境，国際理解，社会福祉・健康などといったテーマや地域や学校の特色に応じた関心から，自分たちで具体的な問題を見つけながら取り組んでいくといった主体的な学びの活動が要請される。ここでも教科横断的・総合的な学びがめざされている。子どもが身の周りで起こっている社会的なことがらに目を向け，自分の見たり聞いたりした体験や実践的活動にもとづく学びである。この学びには，従来のように唯一無二の正答や解答があるわけではない。自分たちで資料を集め，具体的な現実に根ざしながら，自らが問題意識をもって考えていくことが求められる。そのなかで，問題をどうとらえたらよいか，追求への積極的な意欲や動機づけが高まることが予想される。また学び方，問題への取り組み方といった学びのメタ的な能力を身につけることも期待される。このような子どもの興味や関心に沿った取り組みによって，一斉授業のなかでは分断されがちな子どもどうしの積極

的な関わりがうながされ，学びへのつながり（連帯）を生み出していく場ともなることが期待されている。

いずれも学校の学びのなかに現実の問題とのつながりをもたせ，体験的な活動を重視するような工夫である。そのことによって，従来の閉じられた学校での学びに風穴を開け，まさに学びの場に日常性とのつながりを取り戻そうとする試みがなされようとしているのである。

(2) 体験から普編へ

しかし，体験的な学習が学びとして生きるためには，ここで一つ注意しておかなければならないことがある。それは体験を重視した学びが，下手をすると単なる深みのない細切れの疑似的な体験学習のままに終わってしまうということである。いわゆる「活動あって学習無し」の這い回る経験主義に陥ってしまう危険性である。それは基礎学力の低下という大きな代価を支払わなければならないという危惧でもある。体験的な学びのねらいは，具体的な体験から出発し，問題意識をもちながら主体的に考えていく力を培っていくことにある。しかし，他方では具体的な体験のみにとどまるのではなく，それらの体験から，「何をそこから学べるか」といった，個々の体験を超えた普遍的な問題として考えていける学びの水準にまで高めていかなければならない。確かに，子どもにとって体験による学びは新鮮であり面白いが，その学びのあり方によっては，学びとして平べったい表層的なものに終わってしまう危険性とも隣り合わせなのである。そこに，体験的な学びをいかに位置づけ，支援していくかといった教師の役割がとりわけ重要なものになってくるのである。子どもの主体性や実践的な活動を生かしつつ，共に考えながら問題を掘り下げ，子どもたちの知の総合化を深めていく指導技術が重要なものになってくるのではなかろうか。

3部
成長の節目としての危機

 7　帰属集団としての
　　同性友人集団
 8　性的成熟の開始
 9　甘えと独立のはざまで
10　問題行動を通して
　　子どもが訴えるものⅠ
11　問題行動を通して
　　子どもが訴えるものⅡ

7　帰属集団としての同性友人集団

1．小学生期における「友だち」について

　子どもは友だちを作ることによってさまざまなものを得ていく。井上（1984）が友だち関係の意義として，①楽しいものである，②身体をきたえる，③想像力や創造力をうながす，④社会的・情緒的な発達の必須条件となる，⑤精神衛生上の効果がある，⑥精神的な自立を獲得できる，といった点をあげているように，友だちが子どもの心理的成長に及ぼす影響は大きいことがうかがえる。
　小学生期は，幼児期までに比べると友だち関係が重要な意味をもち始める。図7.1

		発達段階				
		乳児期 （0〜2歳）	幼児期 （2〜6歳）	児童期 （6〜9歳）	前青年期 （9〜12歳）	青年前期 （12〜16歳）
発現する欲求	性に関すること (Sexuality)					**特定の異性**
	親密さ (Intimacy)				**同性友人**	異性の友人 ・恋人 <u>同性友人</u>
	受容 (Acceptance)			**仲間社会**	<u>友人集団</u>	男女混合集団 <u>友人集団</u>
	行動を一緒にすること (Companionship)		**両親**	仲間 <u>両親</u>	同性友人 <u>両親</u>	異性の友人 ・恋人 <u>同性友人</u>
	優しさ (Tenderness)	**両親**	<u>両親</u>	<u>両親</u>	同性友人 <u>両親</u>	異性の友人 ・恋人 <u>同性友人</u>

太字になっているものは当該発達期に新たに出現した社会的欲求を満たす対人関係を示し，下線を付したものは，その社会的欲求を満たしうる新しい関係が出現したことを示す。

●図7.1　社会的欲求が発現する際の「鍵となる関係」の発達的変化（Buhrmester & Furman, 1986より作成）

にサリヴァン（1953）の理論にもとづいた対人関係の発達のモデルを示したが，小学生期では友だちとの関係が社会的欲求の多くを満たしうることがわかる。

ところで一口に「友だち」といっても，心理学研究においては大きく2つに分けられる。一つは，学級をはじめとした特定の集団内における地位や役割を考慮した「仲間関係（peer relation）」で，もう一つは，集団での役割や立場にあまり関係なく，子ども個々がそれぞれの相性で形成している「友人関係（friendship）」である。学級のなかでどのような立場にいるかは，そのときの学級にどのようなタイプの同級生がいるかによって変わるだろうが，一方で，学級全体の影響とは別に，自分にとっての「親友」と呼べる個別的な親しい関係をもっているだろう。前者のような学級集団や仲間集団をもとにしているのが仲間関係であり，後者のような個別性を保っているのが友人関係であると考えていいだろう。

これら2つは，まとめて論じられることも多いが，「集団」と「個」の相違であるとか，「他者からの受容によって評価されること」と「自らの主観的な認識によって評価すること」という相違があり，個別に研究の蓄積もある（Newcomb, et al., 1993；Newcomb & Bagwell, 1995）ので，違いについての認識をもつことは重要である。本章ではこれら2つの視点のうち，主に仲間集団のほうについて話を進めていく。

2．仲間集団の意義

小学校の中学年から高学年の時期に，親や教師の価値基準とは一線を画した，強固な同性の仲間集団が現れる。この時期は，「ギャング・エイジ」と呼ばれる。これは子どもの社会性の発達にとっては不可欠のもので，次のような意義がある。

(1) 準拠集団となる

仲間集団を作るとき，趣味や遊び方や価値観の類似性は大きな要因であり，その集団内の他者の行動や考えは自己の行動の枠組みともなる。その枠組みを「準拠枠」といい，このような「個人が自分自身と共通の興味，関心，態度，価値を保有していると感じ，またその個人の自己評価や態度・評価の基準となる」（『新・教育心理学事典』金子書房）ような集団のことを「準拠集団」という。準拠集団内の共通性は集団内の規範意識を生じさせ，その規範を守ることが集団に属する条件になる。その意味では，限定された場ではあってもルールというものを学ぶ場になっており，子どもは自分の欲求のみを押し通すことや自分の視点のみで考えることを脱する機会となる。

(2) 所属感や帰属意識をもつ

(1)に述べたような準拠集団の存在は，各々の子どもにとって所属感や帰属意識をもてることになる。人間にとって所属感というものは非常に重要な感覚である。学校や学級という外的な枠組みでの所属もさることながら，気の合う仲間という内的な枠組みで「この仲間たちと一緒にいられる」といった所属感を保持することは，自分の日常生活のよるべとして子どもの心理的健康に大きな役割を果たす。また，集団関係が適切に維持されることによって，忠誠といった集団への肯定的感情も生じてくる。

(3) 適切な競争と協力の機会を得る

競争というと否定的な意味合いにとられがちだが，仲間関係における遊び場面は，屋外での遊びでも，室内遊びでも，競争という要素をもっている。安定した仲間集団での活動のなかで行われる競争は「自分の力を磨く」という点で非常に重要である。また，競争がうまくいかないときには「くやしい」とか「このやろー」というような子ども個人の否定的感情や攻撃的感情も経験される。それらの感情の適切な表出は容認され，過度の表出は容認されないので，仲間集団での遊びにおいてそれらの感情の受け止め方や対処の仕方を学ぶことができる。

さらに，遊びのなかで相手と競争するということは，味方のなかでいかに協力するかということでもある。仲間どうしで方略を立て，次の(4)に述べるような役割取得を行ったうえでそれぞれが一致協力することは，達成感の獲得や課題遂行能力の涵養には欠かすことのできない要素である。安定した仲間関係のなかでは，競争と協力とは決して相容れないものではない。

(4) 役割取得ができる

協力する過程において「自分はこの集団のなかでどのような働きをすれば，貢献でき活躍できるのか」について，適切な役割取得を行うことができる。協同的作業においては，各自がまったく同じことをするよりは，それぞれの役割認知に応じて作業を分担することが，円滑で効率的な遂行につながる。平等という名の下に，教師が役割を強制的に割り振ったり，順番制にしたりすることもあるが，それが行き過ぎると仲間関係の適切な認知が育たないおそれもある。仲間集団において互いの適切な認知にもとづいて起こる役割取得や役割分担は決して平等を阻害するものではないだろう。

仲間関係の役割取得において最も問題になるのはリーダーということであろう。集団活動におけるリーダーシップの不足が最近取り沙汰されているが，リーダーになるというのは一種の役割取得であり，権力者やでしゃばりになるということではない。

特に異年齢の遊び集団では顕著であるが，年長の「ボス」的な子どもはそのような役割を担っているのである。ボスの面倒見のよさに他の子どもはついてくるのであり，ボスは集団成員にも一定の役割にもとづいた活躍の機会を与えている。

⑸　性役割を認識する

　同性の仲間どうしで一緒に話し，遊ぶということを通して，自分たちの性という感覚が育っていく。ギャング・エイジの時期に「同じ」仲間で集まり，自分たちの行動のあり方を知ることは，それに他者の視点を取得する認知能力が形成されることが加わることで，「異なる」相手の行動基準や考え方をつかむことにつながる。それは性的な側面でいえば，性差や性役割を認識できるきっかけになるだろう。

　この性差の意識は，小学中学年頃からの遊びや行動などを契機とし，小学高学年から中学生にかけての第二次性徴という身体的変化によって本格的になっていく。この身体的変化を受け止めるにあたっても同性仲間の影響が大きく，「自分だけが変になったのではないか」といった性的身体変化に対する疑惑や罪悪感も，同性仲間間での話や行動を聞いたり見たりすることによって薄らぐのである。

　思春期は異性を意識する時期といわれるが，それは自分自身の性を揺さぶられることでもあり，まずはそれを「同」性のなかで十分に共有することで，「異」性の変化にも目を向けられることになるのではないか。性についての情報はこの年齢の子どもにも多大に入ってくるだろうが，知識だけでなく，身体変化のレベルで同性仲間と感覚を共有できることは，子どもの性的な同一性に大きな影響をもたらすだろう。

3．仲間集団に対しての留意点

　仲間集団とは，一方ではその集団力学から否定的な側面を生むところもあり，教師が学級経営を行う際に留意すべき点も多い。それは2で述べた，意義というものの影の側面であるといってもよい。

　まず，子どもにとって重要な準拠集団であるが，学級のなかには準拠枠の異なるさまざまな小集団があり，その小集団どうしでのいざこざが起こる場合がある。たとえば一部の子どもは自分の所属する集団においてはリーダー的存在のために肯定的に選択されるが，その集団を好まない別の集団からは否定的感情をもたれるといった現象に見てとることができる。教師が各々の準拠集団のもつ価値観や行動規範を知り，その相違点を知ることは，いざこざが生じたときにその背景の理解につながるだろう。

　また，社会的に認められない準拠枠を有している集団もあるだろう。非行や逸脱と

いった反社会的行動をとる集団のなかでは，全体の秩序から著しく離れた行動基準が採られることが多い。教師は学級活動などを工夫し，社会的規範の極度の逸脱に対しては制限を加えながらも，その集団が逸脱に向けるエネルギーを学校生活に上手に置き換えられるよう工夫することが望まれる。

次に，子ども自らが集団への所属意識や忠誠心を保つことは重要だが，時として「集団規範が強い圧力になり，集団成員に対し行動を強制する」という同調性を集団から過度に要求されるという問題がある。同調性が非常に強くなったとき，準拠枠は強制枠となり，所属感は「足抜けを許されない」という意識に変わる。そして，協力は義務になり，役割取得は固定観念の強い役割配分と化す危険性をはらむ。

このような過度の同調性は仲間関係の肯定的意義を封じるばかりか，同調に際しての意識を「正義」と錯覚させることも多い。いじめ場面における加害者たちの同調意識として，正義感が語られる場合も少なくない。教師は，同調行動をとっている子どもたちのなかに存在する意識を見抜き，同調によって極端な行動につながるような雰囲気を未然に防ぐことに努めなければならない。

また，教師が学級経営上の工夫でグループ学習など競争の場を意図的に作ることもあるが，その際には，グループ内での協力関係をよく観察して，仲間関係を調節することを忘れてはならない。適切な競争とは安定した仲間関係を前提として生ずるものであり，競争させれば何でもうまくいくというわけではない。

最後に，集団内での役割があまりにも固定されすぎると，子どもの可能性が狭まることもある。教師は，時には役割交換や役割逆転の機会を集団内に与え，集団にある種の潤滑油を与えることにも留意する必要があろう。別の役割をとる機会は，他の立場の人の考えや気持ちに近づけることになるので，相互理解にも役立つであろう。

4. 仲間集団に入れない子どもへの配慮

子どものなかには，仲間のなかに入ること自体が困難な子どももいる。教室のなかに入れない，あるいは休み時間になると教室にいられないといった状態にある子どもは仲間関係を改善しなければならない顕著な例であろう。

仲間関係改善の方略はさまざまにあろうが，教師の側の意識的な働きかけを数点あげるとすれば，①当事者の子どもと個別に話しあい，集団への仲間入りに対しての過度の不安や不合理な考えを除去する，②ソーシャル・スキル・トレーニングといったプログラムを実施し，その子が仲間関係において必要なことを技能として重点的に学習させる，③当事者の子どもがいきいきと生活できるような役割や立場を学級集団活

動のなかで意図的に付与する，④学校全体を視野に入れて，その子が年上や年下の子どもとの関わりでさまざまな立場が柔軟にとれるような異年齢集団を作る機会を与える，といったことがあるだろう。

　小学生期で仲間関係を形成できない問題は，小学校の生活のみで終わることではない。小学生時の仲間関係が大学生時の精神衛生に影響を与える可能性を示した調査報告もあり（Cowen, et al., 1973），前述したような介入方法を工夫し，学級に導入することは子どもの心理的成長にとって急務といってもよい。しかし，教師はまず，仲間に入れない子がどのような思いを心の内に抱えているかを十分に感じ取り，知ることが肝要である。この適切な理解抜きでは，介入の効果も大きく減じるだろう。

5. 親密な友人関係の成立

　仲間集団から影響を受ける一方で，子どもは濃密な1対1の友人関係も形成していく。仲間集団内での人気や役割がどのようなものであろうと，友人関係といった「個」の領域があることは，「集団」への不要な同調性を回避でき，友だちとの関係に深みと持続性とを加える。その意味では仲間関係と友人関係は補いあうものといえる。

　図7.1に示したとおり，前青年期（児童期の終わり）に「親密さ（intimacy）」という感情が特定の友人との間に起こり，自分の悩みや苦しみを開示できる深い関係を形成し始める。このような友人関係は仲間からの受容による人気や役割といった相対的な影響をあまり受けない，自分独自の主体的な関係であり，自己を探求する機会や，自分の不安や心配を和らげる機会として大きく貢献する。

　そのような友人関係から得られる精神的健康の維持機能については，子どもを対象としたソーシャル・サポート（社会的支援）の研究によって近年明らかになっている。バーント（Berndt, 1989）の分類をもとにすると，①慰めや励ましなどの情動的な働きかけを受ける「情動的サポート」，②アドバイスや指導など解決への情報を受ける「情報的サポート」，③遊びや趣味を共に行うことで不安や緊張状態を低減させる「共行動的サポート」，④悩みを解決するための物的・直接的働きかけを受ける「道具的サポート」といったものが友人関係から特に得られる。

　同性友人との親密な関係のなかで，相手のよい面だけでなく，不安や悩みなども受け入れて関係を維持・発展していけることは，青年期の恋愛関係や成人期の夫婦関係の礎にもなる。教師は多人数の生徒を取り扱う時間が長く，個々の友人関係にまで十分に留意することはなかなか難しいが，友人関係という1対1の関係が織りなすさまざまな言葉や行動，感情が学級内において育まれていることも，忘れてはならない。

8 性的成熟の開始

1. 性的成熟

　身長・体重などの身体の成長速度が増し，性的にも早く成熟していくという「発達の加速現象」によって，かつては中学で迎えていた思春期が児童期後期に始まるようになっている。この時期には，大脳の重さが成人の90％程度にまでなり，その成熟とともに性ホルモンの分泌が増加して第二次性徴が始まる。同時期に成長ホルモンの分泌も盛んになり，人間の一生のなかで乳幼児期に次いで身長・体重などが急激に増加する。身体各部の成長は軀幹よりも末端部から先に伸びるため，児童期にある程度「子どものからだ」として完成していた体つきのバランスが崩れ，どことなく，自分に馴染んでいないようなアンバランスな体つきになってしまう。

　第二次性徴が現れ始める時期は，男女で差が見られる。女子は，10〜11歳ぐらいに

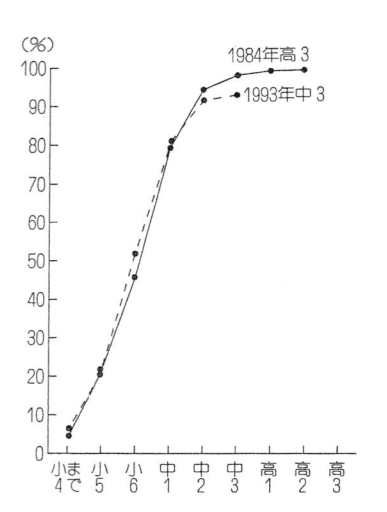

●図8.1　月経初発年齢累積率の比較 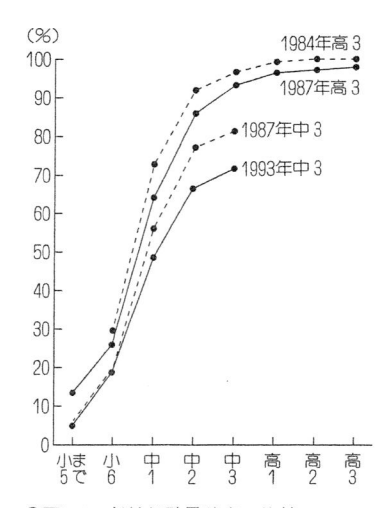　　●図8.2　射精経験累積率の比較
（図8.1，図8.2ともに東京都，1996より作成）

なると乳房が膨らみ，性毛の発毛が見られ，身体全体に皮下脂肪がついてふっくらとした体型になってくる。また，小学6年までに約半数の女子に初潮が訪れる（図8.1）。男子は，女子に比べ1・2年遅く，12～13歳頃から身体が筋肉質になり，声変わりが起き，ヒゲやすね毛，性毛が発毛し，精通も経験する（図8.2）。小学5・6年では変声が主な変化であることが多い。この時期には学童期前期までの自己中心性から脱却し，客観的な思考や抽象的な思考が可能になり，「他者から見た自分」を意識し始める時期でもある。自らの「性」を意識させずにはおかないこうした身体の急激な変化をきっかけに，自分の内界を見つめ始め，同時に対人関係における変化が生じ始める。

　女子では，「異性への関心」は強まるがまだ現実の男子との距離は少し遠い。仲間内で男子の噂をしたり，好きな男子のいる友だちを「両思い」にするべく仲間が一生懸命になったり，アイドルタレントにあこがれたり，という姿がよく見られる。一方男子は女子よりもストレートで直接的な行動を示すことが多い。同性同年齢の仲間集団で，性に関する情報交換をしたり性的な記事の多い雑誌に強い興味をもったりする。

(1)　小学5年男子Aの事例から[1]

　Aは小学2年生後半から不登校となり，外に出ることも難しい状態だったが，5年生の後半から外に出始めて近所のコンビニエンスストアにも入ることができるようになった。そんなある日，Aが外出から帰ってしばらくして，突然泣き出してしまった。驚いた母親が理由を尋ねるとはじめのうちはなかなか話そうとしなかったが，ようやく語ったのは次のようなことだった。最近，Aは外出したときにコンビニエンスストアに寄ると，どうしても「いやらしい本」（Aの言葉）を見たくなってしまうという。この日はそういう雑誌をつい手にとって立ち読みしてしまった。そのときは夢中だったが，家に帰ってから急に「こんなにいやらしい自分が嫌になってしまって」泣いてしまったのだという。話を聞いた母親は，そういうことは誰にでもあるということを話し，そのあとで父親にゆっくりAの話を聞いてもらったところ落ち着いたという。このAの場合は，長く不登校を続け，引きこもりがちであったためにギャング・エイジ特有の同性同年齢の帰属集団をもつことが難しかった。そのために性に関する情報交換が友人とできなかったり，お互いの「打ち明け話」によって他の同年齢の子どもの実際の様子を知り「こういう気持ちは自然であって，自分だけではないのだ」という安心感を得ることができなかったことも，Aの不安定さの背景にあったようである。

　このように，発達加速現象によって，現代では過去とは比較にならないほど早く身

（1）　本文中の事例は，プライバシーの保護のため，複数の事例をもとに再構成したものである。

体が「大人」になっていく一方で、精神的な発達が身体の発達に追いついていけず、アンバランスな状態になっている子どもが多い。このアンバランスは個人によって大きな差があるが、身体の成熟に精神的な成長が追いついていかない顕著な例は、発達障害をもつ子どもに見られることがある。

⑵ 小学6年生女子Bの事例から

Bは知的に軽い遅滞があり、他者にあまり興味をもたず物へのこだわりを強くもつ自閉傾向のある子どもだった。就学時には心障学級を勧められたが、通常学級に就学した。身体はクラスでも大きいほうで、5年生のときに初潮が見られた。Bは、以前はほとんど同級生に関心を示さず一人でいることが多かったが、6年生になってから隣の席の男子に関心をもち、いきなり腕をつかんだり、教室のなかで「好き！」と大声で言ってみたり、という行動を見せるようになった。この時期は、Bが他者に強い関心を向け、つながりをもちたいという思いを初めてもち始めた時期であり、それが思春期の始まりと重なって異性へのこうした行動となったと考えられる。それは、Bにとって発達の大きな一歩であり大変喜ぶべきことであったが、周囲の同級生や教師から見ると自己統制のきかない奇妙な行動に見えてしまう。また、好意を寄せられた相手も迷惑に思ってしまいがちである。このような場合には、Bの行動を発達の一つの流れとして理解し、他者に関心を向けたり異性を好きになることを大切なこととして周囲が受け止めることがまず大切である。そのうえで、「人前でいきなり好きと言われたら相手が驚いてしまうこと」「急に近寄ったり腕をつかんだりすると相手に不快な思いをさせること」などをしっかりと伝えなければならない。発達の障害の有無に関わらず、子どもたちがこの時期に性への関心をもち始めることを成長の証として大切に受け止めながら、対人関係のなかでお互いの人格を尊重しあうことを教え、社会のルールや人との適切な関わり方を具体的に示すことは必要であろう。

「子ども」から「大人」へと、2～3年でまさに「変身」するかのような急激な身体の変化は大人の想像以上に大きな心理的負担である。いままで「子ども」として自分に馴染んだ身体から自分でもよくわからない未知の部分を含む身体となることの不安は大きい。その身体の変化が精神的な不安定さを引き起こし、まさに疾風怒濤の時代の幕開けとなるのが小学校高学年の時期であり、児童期の発達の最大の節目ともいえよう。この時期の子どもたちは、思春期のまっただなかにいる中学生と違い、まだ親や教師などの大人に対して甘えや全面的な信頼感を心の内に抱いている。さまざまに揺れ動くこの時期の子どもたちが、肯定的に自分を見つめられるように、また思春期という過酷な季節のなかで揺らぎながらも崩れない強さを保てる土台を児童期の最

後に作ることができるように，傍らから援助していくことが大人の大切な役割である。

2．性役割

「性」という言葉には遺伝的・生物学的性である「セックス」と心理・社会的性である「ジェンダー」という2つの側面がある。「セックス」は生まれながらにして決まっているが，「ジェンダー」（性役割）は誕生後の生活経験を通して，生まれもっての性を基盤とした性役割に対する期待を周囲から受け，後天的に身につけていくものである。幼児期に自分が「男（女）の子であること」に気づき，周囲にいる密接な関係をもつ同性の人物（多くは同性の親）に同一視しながら親と子の相互交渉の過程で強化と模倣が進み，就学前後の時期に性役割に関する概念を急速に身につけていく。

法律上，男女が平等で自由に職業や生き方を選択できるようになって久しいが，「男（女）だから〜しなくてはいけない」などの性役割に関する偏った思いこみ，すなわちジェンダー・バイアスは少なくなってきているのだろうか。ある調査では「自分が自分の性に生まれてきてよかった」と思う割合は，男子のほうが女子よりもはるかに高い（図8.3）。このことは，女子が男子に比べ自己評価が低い傾向があることを示す。女子が自らの性を受容しがたいということは，その性をもつ自分自身をも引き受けがたいという意識にまでつながる可能性がある。日頃の何げない親や教師の言葉に潜むジェンダー・バイアスが子どもたち自身のジェンダー・バイアスの形成に影響

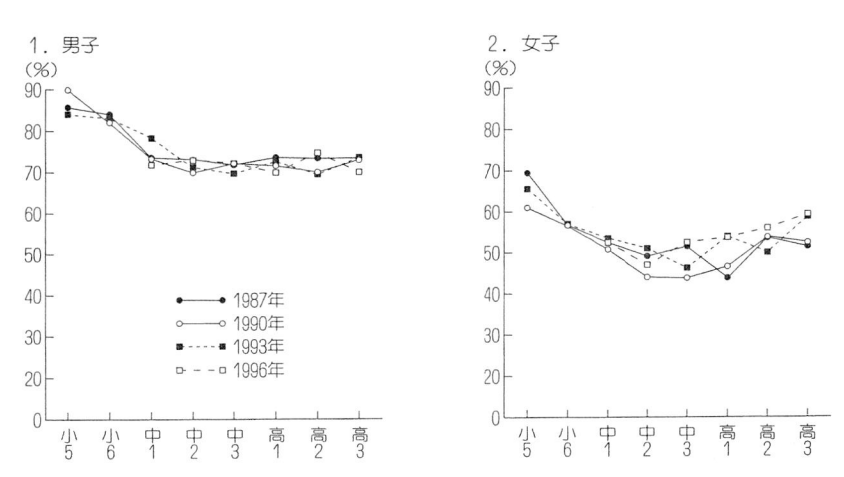

（注）調査対象は，東京都内の小・中・高等学校の児童・生徒
●図8.3　自己の性認識（男・女でよかった）の推移（東京都，1996より作成）

を与えている可能性が高い。女子だけでなく，男子も性によって差別されることに不快感を感じていることを示す調査もある。性によるさまざまな相違を認めながら，自分の性を肯定的に受け入れ「自分であること」を大切にしていこうと思う気持ち，そして同時に異性に対しても人格を尊重し，互いに助けあう存在であるという気持ちを育てていくために，子どもたちの周囲にいる大人たちが，自分の心のなかにあるジェンダー・バイアスに敏感でいることと同時に，意識的・無意識的にジェンダー・バイアスを伝達していくことのないように注意が必要である。

3．性被害

1994年に批准された「児童の権利に関する条約」に掲げられているように，子どもは大人と同様に「基本的人権ならびに人間の尊厳及び価値」を認められ，なおかつ特別な保護および援助についての権利を享有できるよう配慮されなければならない存在である。子どもは，大人に比べ精神的，身体的に未熟であり発達の途上にあるがゆえに「人権」に加えて「育つ権利」が保障されなければならない。しかし，現実には弱者である「子ども」に対して強者である「大人」によって暴力行為や心理的な虐待が行われている。そのなかでも特に性虐待は，「大人と子ども」という力関係に加えて「男性と女性」という力関係が背景にあり，この2つの要因が重なる力関係を背景にしたなかで起きる「子どもの守られるべき基本的人権の侵害」であるととらえることができる。被害を受けた子どもは，心に深い傷を受け，ひいてはPTSD（心的外傷後ストレス障害）が生じることもあり，子どもの人格形成に大きなダメージを残すことにもなりかねない。性被害は具体的には，言葉での性的からかい，性器を触る，触らせる等の強制猥褻，レイプなどがある。また，加害者は通りすがりの未知の人間だけでなく，家族であったり，教師など子どもに関わる専門職の人であったりすることも珍しくない。図8.4によると，小学5年で3割以上の子どもたちが何らかの性被害を受けている。こうした状況のなかで，男女を問わず子どもたちを性被害から守ること，また被害にあった場合の対処法を心得ておくことは，必要であろう。

まず，子どもたちがしっかり性教育を受けて，自分の心や身体をかけがえのない自分だけのも

> **PTSD（心的外傷後ストレス障害）**……自分や他人が非常な危機にさらされたり，衝撃的なできごとを体験したり目撃したような場合に生じる精神的な障害である。そのできごと自体は解決し，現在は自分自身が安全であってもそこで受けた「心の傷」はなかなか癒されず，強い恐怖を示しその体験が心のなかで何度も再体験されたり，苦痛な夢に悩まされたりする。外傷と関連したことがらの回避，集中困難，過度の警戒心など多様な症状が見られ，注意深い「心のケア」が必要である。

性的成熟の開始

のだと確信することが基盤である。そして，大切な自分を守るために，自分の意に沿わない誘いに対してはきっぱりと拒否すること，被害に遭った場合はすぐに大人に話すことを，ロールプレイなどを使って実際に体験させながら教える必要がある。万一，性的被害を受けた場合は「あなたのせいではない」ということをまず子どもに伝えるべきである。子どもは，自分が弱い存在であり強者である大人に頼らなければ生きていけないことをよく知っている。そのために自分の依存対象である大人を非難できず「自分が悪い子だからこういうことをされた」と思ってしまうことも多い。その結果，大人に救いを求めることをためらってしまったり，自分のことを責めてしまうことになる。また，被害を受けても言葉で話せずに，身体症状や行動に異変として現れてくることがある。食欲不振，体調不良，強迫的行動，睡眠障害，成績の急降下等さまざまであるが，そうしたことについて「何かが変？」と気づけるように大人が子どもの様子を敏感に感じとるようにしておくことが大切である。

子どもが言葉で語ることができても，大人が理解できるように話すことは難しく，また非常に勇気がいることであるということを大人が認識しておかなければならない。子どもが，自分の話をじっくり聞いてもらい，受け止めてもらえることは，心の傷をいやし気持ちを立て直すことにつながっていく。性被害から子どもを守り，ケアしていくためには，子どもを取り巻く大人自身が自らの性をどうとらえているかが問われるだろう。日常のなかで，大人がお互いの心とからだを尊重し，自らの性にしっかりと向きあう姿勢があってこそ，子どもたちの信頼を得ることができ，支えることができるのである。

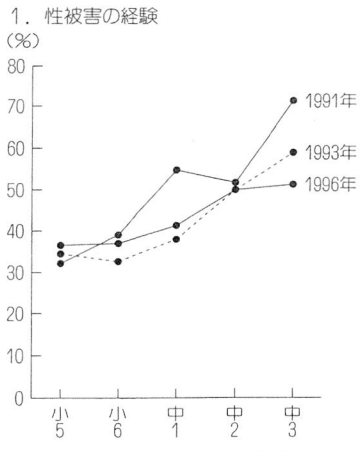

1．性被害の経験

(注) 調査対象は，図8.3に同じ。2つまで回答可。

● 図8.4　性被害の経験率と内容（東京都，1966）

強迫的行動……ある考えが無意味であると頭ではわかっていても，それにとらわれ，打ち消そうとするとかえって強く意識され，強い不安を生じさせてしまう観念を強迫観念という。それを表現しようとしてあるいはコントロールしようとして，ある行為をしないではいられなくなる呪術的・儀式的な行為。例として完璧さを求めるがゆえに戸締り，火の元を際限なく確認しないではいられなかったり，不潔さを恐れて何度も手洗いを繰り返す（洗浄強迫）等がある。

9 甘えと独立のはざまで

1. 成長過程の危機

(1) 人生のなかの移行期——「子ども」から「大人へ」

　人がある発達段階で十分に成熟しその段階に見合った力を蓄えた頃，次の発達段階へ移行するためにその安定した状態が崩れるときがくる。ワップナー（1983）はそうした状態を「『人間－環境システム』の急激な崩壊」と呼び，安定していた人間－環境システムにおいて発達の要因や環境の変化によってその均衡が破れ，新しい人間－環境システムを形成しなければならないような移行を「危機的移行」と定義している。また，エリクソンは心理社会的危機を「分岐点」としてとらえ，人間の生涯を通して次々と展開していく危機は発達のための決定的な契機であり，それまでの心的体制が次の新しい心的体制に向かうときに再体制化されていく時期であるとした。つまり，人が成長し，発達していくときには何らかの危機的状況をともなうものであり，プラトーな（学習の進歩が停滞する）状態を打ち破って次の段階へ進むために，安定した状態を覆しふたたび新しく築きあげなければならないのである。

　人間の一生でいくつもある危機的移行のなかでも，思春期は「アイデンティティ（自我同一性）の確立」という大きな意味をもつ。その思春期の入り口に立つ小学5，6年生は，まさに「子ども」から「大人」への移行に第一歩を踏み出し，戸惑いのまっただなかにいる。思春期に入る前の児童期は，体力，知的能力，社会性など種々の能力が充実し高まってくることを背景に，さまざまな知識や技術を家庭や学校生活のなかで身につけていく時期であり，身体も心も「子ども」としてある程度安定した状態にある。ところが，11，2歳になると，第二次性徴が出現し，まず身体に変化が現れ始める。つまり，男子は体格が骨っぽくなり，ヒゲやすね毛，性毛が生える。高い声が太い声に変わり，精通を経験する。女子は，身体全体に皮下脂肪がついて丸みを帯び胸が膨らんでくる。性毛が生え，初潮を迎える。このように身体全体が日々変化し未知のものとなっていくなかで，いままで「子ども」としてもっていた自分なりの世界観が揺らぎ，変えざるをえなくなってくる。精神的には，抽象思考の力が伸び，

自らを客観的に見ることができるようになって自己概念が形成され始める一方，他者の眼差しが気になり，強い優越感と劣等感の間で大きく揺れ動く。同年齢でも心身の発達に個人差の大きいこの年代では，なおさら同級生との違いが気になってしまう。また親との間で，全面的に依存していた「親」から離れようと苦闘し心理的離乳を試みつつも，まだ甘えたい気持ちが折々に顔を出してしまう。このように，この時期の子どもたちは「自分はいったい何なのだろう，どうなっていくのだろう」という不安を抱くような状況に遭遇しているのである。

(2) 「自分崩し」と「自分づくり」

　その過程のなかで，前述のように「それまでの心的体制が次の新しい心的体制に向かうときに再体制化されていく」ために，「子ども」としての「自分崩し」を行い，いわば更地にしてから新たに「大人」としての「自分づくり」にとりかかるのである。そうなると必然的に，ある程度安定していた自己像や世界観を壊さざるをえず，こうした内的作業ゆえに破壊衝動も高まっているため，これといった理由もないままにイライラしたり，大人に対し攻撃的になってしまう。このような，いわば人格の「再統合」を行うこの時期には，いままでの発達の成果（それぞれの発達段階の課題をどう乗り越えてきたか）が問われることになる。乳幼児期や児童期にやり残してきた課題がある場合，それがこの思春期に再燃し，症状として出現することが多いのもそのためである。

　中沢（1992）によると，病院の小児科では，11，2歳という思春期の入り口に立つ子どもは，その子どもが幼児期によくかかっていた病気にふたたびかかりやすくなったり，同じような症状を呈することが多く見られるという。この現象は，子どものなかに潜在していた病因が内分泌系統やその他の体内のバランスの変化によって触発されて顕在化するのであろう，と述べられている。心理面でも同様の動きが見られる。幼児期に心理的な問題として呈していた問題で，児童期には目立たなくなっていたものが，この時期により深刻な症状となって再燃するということが見られる。しかし，このような危機的状況は，いままでの発達の成果が問われることであると同時に，「子ども」から「大人」へ成長するための足がかりともなる。このような危機を迎えることによって，これまでの発達段階（乳幼児期，児童期）のなかで自分がやり残した課題が現れ，それを乗り越えるチャンスとなる。そして，そのことで人格的に成長しその可能性をより広げることができるのである。

2. 成長への葛藤

(1) 第二の個体化――「自分探し」のはじまり

　マーラーによると生後6ヵ月くらいまでの赤ちゃんは，母親との間で「正常な共生期」と呼ばれる母子一体の状態にあるといわれる。その後，身体的機能の成熟とともに自分の世界が広がり，「現実の世界」にぶつかりながら母親から分化し始める。これを「分離-個体化」と呼ぶが，思春期はこの時期に続いて，ブロスにより「第二の個体化」の時期といわれる。前述のように，心も身体も比較的安定している児童期には，子どもは生活上も精神的にも親に依存し，守られて生活している。親に同一視し，親から取り入れた価値観やルールを自分のものとして心のなかに積み上げていく。親への信頼は絶対といっていいほどに強い時期である。しかし，小学校高学年になり第二次性徴が現れ始めて，自分の身の内にわけのわからない衝動が起こってくると，「子ども」が親を見るという視点からだけでなく，性的な側面をもった個人としての目で「一人の大人」として親を見始め，親との関係に変化がもたらされる。完璧な存在だった親に欠点やアラが見え強烈な批判をするようになり，親離れが始まるのである。「もう子どもではない」と親に反抗し，「自我の確立」のために親から分離し自立していこうとする気持ちが生まれる。背丈も親に肩を並べるほどになり，知的にもかなり対抗できるようになるなど生活面，身体面で親に追いついてきたことも相まって，親への「反抗」に拍車がかかる。そういうとき，日々変化する身体への困惑や異性に対して持ち始めたさまざまな思いを共有してくれる同性同年齢の友人との間で，親にいえない「秘密」を打ち明けあい，児童期とは異なる色合いの関係が結ばれる。そうした同性同年齢との関係を，親から離れていくときの支えとし，「自分探し」を始めるのである。

(2) 相反する気持ちのなかで――「離れたい，でも甘えたい」

　しかし，この時期の子どもが親への依存や甘えをまったくなくしたわけではない。逆に依存し，甘えたいという欲求が強まる時期でもある。学童期のような親への依存的関係から離れ，心理的にも物理的にも距離を置き始めるが，これは生まれてからいままでの長い間，依存し甘えてきた対象を失うことであり，子どもにとっては大変な試練である。親から離れていく分だけ「認めてもらいたい，甘えたい」欲求も強く現れ，「離れたい，でも甘えたい」というその両価性に子ども自身も揺れ，またその親も戸惑う。いままでの，親に庇護され「子ども」として安定した地位にあった自分の

位置が，自分が「大人」になることで奪われるのではないか，という不安が生まれたり，夢中になって親に反抗しているうちに，自分が親からすっかり離れてしまっているのに気づき急に心細くなって甘えたくなったり，というような「依存」と「自立」の気持ちがせめぎあっているのである。乳幼児期に子どもが自分の周囲の世界を探索するための「安全基地」として親を必要としていたように，この思春期初期の子どもにとっても，自立し「自分探し」をするために未知の世界に入っていくための「安全基地」としての親を求めている。親への反抗はこうした依存心の違ったかたちでの現れであることが多い。そして，「依存」と「自立」の間の揺らぎを繰り返しつつ「自分らしさ」を探し，親との関係を作りなおしていくのである。

3. 症状の意味

(1) 思春期にあらわになるもの

　思春期初期は「大人」への身体の変化は確実に進み，否応なく「大人」になっていく身体と，心理的に「大人」になるにはまだ未熟で「子ども」と「大人」がまだら状態になっている心との両方を抱えている時期であり，この時期の子どもたちは心身ともに不安定な状態にあるということを述べてきた。そのため，この時期は心理的問題が心身症様の訴えで始まる例が多い。また，これまでの発達課題をしっかりとクリアしてきたかどうかが問われる時期であり，前述のようにそれぞれの課題をやり遂げずに積み残した場合，その課題が再燃する時期と考えられる。エリクソンによれば人生には固有の発達段階とその課題がある（本シリーズ2巻8，9章参照）。思春期以前の課題がクリアできなかった場合に思春期にどのような問題が残されるかについて簡単に追ってみよう。

　まず乳児期の発達課題である「基本的信頼感」は，自分と自分の属する世界に対する基本的信頼である。この課題がクリアされないままに思春期を迎えると，自己の存在が根底から脅かされるような不安をもたらす。次の幼児期の「自立性の獲得」では，親に見守ってもらいながら，自分の力を試し自分自身をコントロールすることを身につけていくが，この課題でつまずくと親との関係から自立しようとすると不安が高まり，一方の「自立しなければ」という気

心身症……「身体症状を主とするが，その診断・治療に心理的因子についての配慮が特に重要な意味を持つ病態」と定義される。もともと「心」と「身体」は密接に関わりあっており，相互に影響しあっている。特に子どもの場合，精神的な葛藤などがあるときに，知的発達の未熟さもあってその葛藤が言語化されずに身体的に表現されることが多い。心身症は心理的要因と関連するため，身体的な治療とともに心理療法や心理的ケアが治療的に重要となる。

持ちとの葛藤で苦闘する。児童期は「勤勉性」が課題である。学校では，学業中心となるために，学業成績の良し悪しによって，自分の存在価値に対する自己認知が左右されてしまうことがある。以上のような道筋を通って迎える思春期は「アイデンティティ（自我同一性）の確立」が課題であり，青年期後期まで引き続き課題となっていく。

(2) 言葉にならない「ことば」

では，不登校やチックなどさまざまな「症状」はどのような意味と成り立ちをもっているのだろうか。子どもに限らず，人は心の世界（内的世界）と実際の生活（外的世界）の両方の世界を生きているが，そのどちらにもその人を脅かす危機が存在する。不安や不快，葛藤，心の痛みなどであるが，それに対してその人なりの身(心)を守ってきたさまざまなやり方がうまくいかなくなり，無意識な願望や不安が自分や社会に受け入れられないかたちで身体化，行動化された結果が症状である。そうした症状の本質は簡単に自覚されず，意識されないという意味で無意識である。しかし，身体化，行動化，症状化しても実生活への適応や精神的な安心のためには役に立たず，心理的な治療を受ける契機となることが多い。特に，思春期に入りかけの頃の子どもたちは，上述したように，身体の変化（子どもから大人へ：第二次性徴）と心の変化（自立と依存の葛藤：自分探し）が同時に起きている時期であり，内的世界でも外的世界でもそれまでの人生にないほど多くの危機に直面している。そんな状況にいる子どもたちは，知的には抽象思考ができるようになり始め，自己中心性から脱却して他者の立場に立って客観的思考ができるようになったり，共感的態度が意識化されるようになってくるという発達を遂げている一方で，これほどの変化が起き不安定で混乱している内的世界を「言葉」にしていけるほどに成熟してはいない。そのために，この時期には心の葛藤が行動に出たり身体症状に出たりすることが多くなる。いままで述べてきたように，それぞれの時期にやり残してきた発達課題が「症状」というかたちをとって現れてくることも多いだろう。また，年齢不相応の「甘え」として出てくる場合もある。

(3) 事例から[1]

①**不登校・引きこもりの小学6年の男子Aの事例** Aの父親は優しいが多忙で家にいることが少なく，家庭のことは母親一人が引き受け，何もかも抱え込んでいるような状態だった。転勤も多く地域から孤立しがちな母親にとって，成績優秀でまじめなAは，いつも母親を支える「よい子」だった。しかし，Aが友人とのトラブルをきっか

---

(1) 本文中の事例は，プライバシーの保護のため，複数の事例をもとに再構成したものである。

けに不登校となり家に引きこもるようになると，それ以来母親が常にそばにいることを求め，添い寝をしてもらいたがるようになり，母親を振り回すようになった。動揺していた母親は面接相談のなかで，Aの奇異に見える行動は，自分たち夫婦のあり方が関係していること，また幼い頃にやり残してきた課題のやり直しであることに気づく。徐々に，母親と父親が向き合って話せるようになり，Aの甘えにもじっくり腰を据えて対するようになると，Aも落ちつき過度な甘えも消えていった。

②幼い妹にやきもちをやく小学5年生女子Bの事例 Bの母親は結婚当初から姑と折り合いが悪く，Bは幼い頃から母親の愚痴を聞かされたり，姑と母親とのいさかいが起きないように場の雰囲気をやわらげる役割を担っていた。姑と別居した頃から，Bは6歳下の妹にきつくあたるようになり，一方で母親に「妹ばっかりかわいがる」と文句を言い，甘えるようになった。母親が面接相談で，Bの妹に対するきついもの言いは自分とそっくりであること，Bにはほとんど甘えさせてこなかったことに思い至り，年齢不相応と思っていたBの甘えを受け入れるようになった。そのうちにBは妹に対しても優しくなり，母親より友だちと遊ぶことを選ぶようになっていった。

このように，退行することで子どもは，クリアできなかった発達段階へ戻り，達成できなかった課題をやり直そうとする。自分の課題に気づいた時点でやり直すことが大切であり，やり直すべき時期が来ていることを本人や周囲の大人たちに示しアピールするのが「症状」である。このような観点で考えると，「症状」とは，その人がもっと自然に自分らしく生きられるようになるために，またよりよい成長や発達のために何が必要で何をすればよいか，ということの大切なサインである。「困りもの」「除去すべきもの」といった否定的な意味ばかりのものではない。

(4) 子どもの復元力

心の世界の葛藤は症状や行動というかたちで表現されるがゆえに，社会的に受け入れられ難かったり，他者に伝わりにくく，理解されにくい。そこで，心理治療の過程では症状を「言葉」に直していくことで，その内容を意識化し自己表現していったり，遊戯療法の「遊び」を通して内的世界を表現する。こうしたことを通じて，人間に生まれつき備わっている成長への動きや統合へ向かうエネルギーが生まれてくることを援助する。混沌のなかで，いままでの自分の姿をいったん崩し，新たに作り上げていくという大きな仕事を子どもたちは行おうとしている。そこにはいくつもの危機が潜んでいるが，またその危機を新たな成長のためのチャンスとしていくこともできるし，それだけの「復元力」を子どもたちはもっている。その力を十分に発揮できるように，大人が援助していく姿勢が必要であろう。

10 問題行動を通して子どもが訴えるものⅠ
——反社会的行動

1. 反社会的問題行動と非社会的問題行動

　子どもの問題行動は，日常生活のなかでの不満や怒りが形をかえて現れたとみることができる。あえて社会的秩序を乱すような「困った」行動（反社会的問題行動）として現れる場合と，外（社会）との関係を断ち，自分の殻に閉じこもる非社会的問題行動として現れる場合があるが，根は同じではないかと思われる。ただ最近の傾向として反社会的問題行動と非社会的問題行動の区別が以前ほど明確ではなくなり，おもてに現れた行動は反社会的でありながら，心理的には必ずしも反社会的とはいえず，むしろ非社会的な色合いが優位な例が少なくない。

2. 困った行動を抑え込むのではなく，意味を理解する

　子どもに限らず人の行動には行為者のそのときの気持ちが反映されている。人の行動をこのように考えると，子どもが何か問題行動を引き起こすということは，自分が置かれている立場の理不尽さや不都合を訴える気持ちが反映されていると考えることができる。彼らは周囲の者を困らせるような行動に訴えてでも SOS を発しているのであり，あるいはそうでもしない限り自分に目を向けてくれる者がいないと思っているかのように感じられることがある。

　ある子どもが何かの問題行動を起こしたとしよう。すると周囲にいる大人たちは，その行動をなんとかやめさせようと躍起になる。そしてうまい具合に治まるとホッと胸をなで下ろすのであるが，まもなくかたちを変えて新たな問題行動が現れたりする。それは背後にある（その子がそうした行動に託した）真意，あるいはそうせざるをえなかった気持ちを理解せずに，行動だけを抑えつけようとしたからにほかならない。

　このような場合，その子はなぜそのような行動をせざるをえなかったのか，社会の規範に反するようなことまでして何を訴えたかったのかを理解することに多くの努力を費やすことである。行動の意味を理解するとは，とりもなおさずそのときの気持ち，

何を訴えようとしているかを理解することでもある。そしてそのほうが根本的な解決につながることが多い。

3. 学童期に見られるさまざまな反社会的問題行動とその理解の仕方

　学童期に見られる反社会的問題行動の主なものは、グループ活動や集団遊びができない（協調性がない、集団の秩序を乱すなど）、忘れ物が多い、宿題をやってこない、教師の指示に従わない、落ち着きがない、カッとなりやすくすぐ手が出る、乱暴、器物破壊、……など学校生活上の問題行動の他、盗み・万引き、金銭持ち出し、嘘言、徘徊、浪費などがある。前者は教育相談では集団不適応として反社会的問題行動と区別しているが、学校も社会の単位としてみると基本的には一連のものである。

　さらに一口に盗み・万引きといってもさまざまで、食べ物であったり、文具や玩具であったり、お金であったりする。また盗むものに一定の傾向が見られる場合と、無差別・手当たり次第というものもあり、その意味合いは必ずしも一様ではない。このように盗みという行動一つをとってみても、どのような状況で発生したのか、何が対象なのか、盗んできた物をどのように扱うか、発見されたときの子どもの態度はどうであったかなどを手がかりに、その子が盗みという行為によって周囲に訴えんとしたことは何か、その個別的な意味を理解しようとするのがここでの課題である。

　なお最近の小学生による万引きやいじめは、背後に「集団」がからんでいるものがある。スーパーなどから何を万引きしたか（できたか）、集団の意に従って共通の目的行為（たとえばいじめなど）をしたかなどで、集団への帰属意識を確認したり、さらに集団内の地位が上下したりということが実際にある。このような反社会的な行為は個人の問題とは別の視点（集団力学的に成員間の人間関係に目を向けるなど）からの理解が必要で、万引きやいじめは「集団遊び」の一つと考えられるほどである。罪の意識の教育が家庭でおろそかになっていくなかで、子どもたちの集団行動をどのように理解し導いていくかは、今日的な大きな課題である。

> **教育相談**……教育委員会が行っているサービス事業で、幼児から高校生までの子どもとその保護者および教師を対象としている。応じている相談内容は性格・行動に関すること、知能・学業に関すること、進路・適性に関すること、精神・身体に関することなどで、電話での相談にも応じている。

4. 事例から

(1) 小学校6年生・A子の金銭持ち出し
——この子にとっての金銭持ち出しの意味

　彼女は上が姉，下が弟の3人きょうだいの真ん中っ子で，小学3年生の頃よりときどき母親の財布から現金を抜き取り，お菓子を買ったり，文具を買ったりしていたようである。母親は財布を開けたときに「あれっ」と思うことが何度かあったが，自分の思い違いかもしれないと思って済ませてきた。

　ところが6年生の夏休み明けからそれが頻繁になり，ときに1万円札がなくなっていることがあって，「これはへんだ」と思うようになった。この時期に頻発するようになったのは，両親の関心がもっぱら中学3年生の姉の高校受験に集中するようになったことと無関係ではなかった。また母親は年が離れて生まれた小学1年生の弟が無条件にかわいく，彼もまた甘え上手なために，彼が何か悪いことをしても弟に代わって彼女を叱ってしまうなど，平素から彼女に対して不公平な扱いを無意識にそしてごく当たり前にしていた。彼女が3年生の頃というと，弟はちょうど2～3歳のかわいい盛りで，そのころからなんとなく彼女はこの家の居心地の悪さを感じはじめていたようであった。やきもちを焼くとか弟をいじめるなど目に見えるかたちの「抗議」を態度で示せば，母親も彼女の存在をおろそかにすることができなかったと思われるが，彼女はそういうタイプの子どもではなかった。心とは裏腹に母親の手をかけない「よい子」であろうとするタイプの子どもであった。「あれっ？」と思う程度の金銭の抜き取りは，せめてもの彼女の「うさばらし」だったのかもしれない。

　万単位のお金がなくなるようになって，彼女の様子を注意して観察すると，机の上はもちろんのこと，机のなかやベッドのなかもお菓子の空き袋や食べかすでいっぱいだったり，母親が買い与えた以外の文具が散乱していた。また友だちの家に行くといって渋谷や原宿あたりまで行っているらしいこと，帰宅時間が夕食にまにあわず，「お腹がいっぱい」と食事を食べないことも頻繁になってきた。

　いろいろ追求しても彼女は多くを語ろうとせず，最後には「こんなことをするのはあんたしかいない」と迫ってもしらを切り通し，母親の彼女を疎ましいと思う気持ちをさらに刺激した。母親はもともと3人の子どものなかで自分に生き写しの彼女が疎ましく，かわいいと思ったことがないとのことであった。

　たとえばその頃「たまごっち」というゲームがはやっていて，品不足から入手が困難な状態が続いていた。たまたま父親が仕事先の知人からもらって帰ったたまごっち

を，こともあろうに母親は受験勉強に忙しく，遊んでいる暇などないはずの姉にこっそりと渡したのであった。勉強の合間にときどき取り出してやっている姉に気づいた彼女は，あるとき姉の部屋に忍び込んでたまごっちを盗み出してしまったが，最後まで自分が取ったことを認めず，結局どこにいってしまったのか両親は確かめきれずに終わったということがあった。

　この事件一つを取り上げてみても，この両親は自分たちの行動を振り返るどころか，いくら問い詰めても知らぬ存ぜぬの彼女に業を煮やし，最近ますます強情で扱い難くなったと，将来を心配して相談を申し込んできたのであった。本来相談は当事者自身が来談することが望ましいので，この場合も母親と子どもの来談を誘ったのであるが，母親は「私は被害者なのに，なんでそんなところに出向かなくちゃいけないのか」と言い，子どもは子どもで「嫌だ。何もしていないから行く必要はない」と主張して，結局父親が来談したという珍しい事例であった。

　たまごっちの事件は，第三者からすると「どうしてこの時期に彼女に内緒にしてまで姉に渡さなければならないのだろう？」と疑問に思われるが，この両親にはごく自然な選択のようであった。小さいときからこのような扱いを当たり前のように受けてきた彼女の気持ちを考えると，よくお金の抜き取りくらいで我慢してきたものだとの思いたくなるほどであった。そこでお宅では「たまごっちをもらったんだけれど，一つしかないのでどうしようか？」というように，みんなで考えて決めるということをしないのだろうかと問いかけてみたところ，父親は一瞬質問の意味がわからないと言わんばかりに「えっ？」という表情をした。それがまたこの家でのこの子の立場を象徴しているかのように感じられ，彼女の分の悪さがより一層理解される結果となった。

金銭持ち出し，浪費，嘘言，盛り場の徘徊などが意味するもの

　父親の面接で得られた情報を整理して彼女にとっての金銭持ち出し，浪費，嘘言，盛り場の徘徊などが意味するものを考えると，

①３人きょうだいの真ん中っ子としての位置（女・女・男という組み合わせの運命）
②母親に生き写しという特徴を受け継いで生まれてきた
③姉の高校受験が近づいて，両親の関心がより一層姉に集中した
④彼女の行為はあくまで家のなか，特に対象が母親に限られている
⑤お金や物がなくなるという事実だけが明らかで，それから先に進むことができない両親である（誰がどうしたという経緯や結末が明らかにならない）

⑥母親に振り回されている家族で，父親は母・娘関係を調整することができない

などが，この事例ならではの特徴として浮かび上がってくる。そして①②の情報からA子は不幸にも母親から無自覚な差別を背負わされる運命のもとに生まれてしまい，それを幼い頃から漠然と感じていたらしいことが理解される。また④の情報からは彼女の金銭持ち出しには，他のきょうだいと同じように「お母さん少しは私のほうにも目を向けて！」と言わんばかりの主張が込められているように感じられる。

⑵　遠出を繰り返し，施設に入ることを希望したB君

　この事例は小学1年生の男の子で，夜中であろうと日中であろうと，ちょっと目を離すと無賃乗車で北は北海道から南は九州まで全国どこへでも行ってしまい，いつどこで保護されるかわからない子どもであった。

　彼は父親が19歳のときに「できちゃった結婚」で生まれた子どもで，生後6ヶ月から父方祖父母に預けられていた。生みの母親が妊娠に気づくのが遅く，やむなく産まれた，いってみれば歓迎されざる子どもであった。共に十代の若い両親は親としての自覚に乏しく，おむつを換えるのも手が汚れるからと嫌い，あり余る母乳も乳房が変形するといって与えず，タオルで哺乳瓶をおさえて勝手に飲ませるような育児の仕方であった。見るに見かねた祖父母が引き取ってくれたのであるが，以来週末に会いに行くということもせず，彼が2歳になるかならないかのうちに両親は離婚した。

　小学校入学直前に父親は再婚し，「子どもは親が育てるのが一番」とのことで，彼は父親の新しい家庭に戻ってきた。継母にあたる新妻は誕生日がきてやっと20歳という若さで，いきなり6歳の子どもの母親というのは計算違いだったようである。

　新しい家庭ではまもなく継母が妊娠し，つわりがひどいこともあって，彼の世話だけでなく家事もしなくなってしまった。もともと継母は彼を引き取ることに反対で，「祖父母のもとに帰して」と言っていたが，妊娠がわかるとあからさまに「あんた（父親）の子だから自分で世話をして」と彼の世話をしなくなってしまった。

　一方祖父母は活動半径が広く活発になってきた彼に，「もう年だから」と再度引き取る気がないことを表明しており，彼の養育をめぐって家族がそれぞれの主張をしていることが幼い彼にいつしか伝わり，相前後して彼の遠出が始まった。

　彼は学校が終わるとランドセルを背負ったまま，家とは反対の方向にある駅に向かい，線路わきの道路から轟音をたてて走り去る列車を見たり，駅についた電車から乗客が乗り降りする様子を暗くなるまで見て時間を過ごしていた。あるとき券売機の様子を見に行き，そのまま切符を買った人の後をついていったところ，なんなく改札を

通過することができたのがきっかけで無賃乗車が常習化した。

　学校をあまりに頻繁に休むので，不審に思った担任が家庭訪問をして初めて彼の遠出癖が学校の知るところとなった。両親は思いもよらない遠方からの連絡に振り回される毎日で，学校に欠席の連絡をするゆとりもない様子だった。担任はそんな若い両親に未熟さを感じたらしく，「子育てを一から教える」つもりで指導が始まった。それはときにお説教のように聞こえ，両親特に父親にとってかつて味わった教師への反発を刺激するものでしかなかった。しかし一生懸命な担任は自分が父親の過去を刺激しているとは思いも及ばず，つい「両親がそんなようだから……」と非難めいたことを言ってしまった。その一言に父親は「ほっといてくれ！」と担任を拒否する態度に出たため，学校からの依頼で相談室が関わることになった事例である。

　父親は最初は休暇をとって現地まで迎えに行っていたが，往復の電車賃が二人分かかり，経済的にも時間的にもやりきれないと，たび重なるにつれて近くの駅に迎えに出るのでそのまま送り帰してほしいと言うようになり鉄道会社をあきれさせた。それを聞くと担任の一言に共感を覚えるが，カウンセラーはここは幸せなはずの再出発が，予想外の展開となった父親の心境を汲んで支えることが大切と肝に銘じて，かろうじて関係を維持していった。結局彼は施設に入ることを自ら強く希望し，児童相談所の一時保護を経て最終的に養護施設に預けられた。

遠出の意味するもの

　この事例は子どもを育てるということがさまざまな社会と関わっており，何世代にもわたって人とよい関係を保つなかで成し遂げられる作業だということを，改めて感じさせる事例である。親の都合に振り回された幼い彼が，遠出というかたちで周囲に訴えようとしたものはいったい何であろうか。

　まず思い浮かぶことは彼の問題というよりも，前の世代つまり父親が解決しておくべき課題が，未解決なまま次の世代である彼にもちこされて，彼によって否応なく白日のもとにさらされたのではないかということである。それには父親の生育歴から述べないといけないが，父親は中学・高校時代につっぱるとか大っぴらに反抗するということができないまま，十代で人の子の親となっている。十代で親となってはいけないというのではなく，何かそこに父親の「事情」が秘められているように感じられるのである。

　あまりに早い急いだ結婚の結果，両親は子育てどころではなく，彼はそうそうに「家庭」の外に放り出されてしまった。そこに父親の問題と彼の遠出という問題行動の関連を読み取ることができる。父親の問題もあるがここでは子どもの問題に限って

いうと，どうせ望まれずに生まれてきてどこにも居場所がないならば，自ら家出というかたちで家族関係を断ち切った，つまり子どもが親に見切りをつけて，家の外に居場所を求めた事例ではないかと思われる。

　以下なぜこのような理解が成り立つかについて述べると，彼の遠出は新たにできかかっている父親の新しい家も，それまで育てられた祖父母のところもしょせん自分は厄介者でしかなく，安心して居られる場所ではないとの思いが感じられること。またあるとき迎えに行った父親の顔をみると彼はうれしそうな顔はしたが，泣きもせず電車のなかで誰それから「あれをもらった」「これをもらった」「どうしてくれた」ということを嬉々として報告し，まるで人に親切にされるのがうれしいかのようだったということ。どこに行っても幼い彼が一人で旅をしていることに周囲の大人は驚き感心し，誰しも彼には最大の親切を惜しまない様子が見てとれた。警察にしても鉄道公安室にしても，「ぼうやお腹すいていないか」「何か食べたいものはあるか？」と聞いてくれ，「あれが食べたい」と言うとそれをとってくれたという。現実の家庭生活では居場所のない厄介者の彼が，下にも置かない扱いを受ける心地よさをどこかで味わい，小学1年生という幼さが人々の同情をひきつける最大の道具であることをいち早く察知したのではなかろうか。そして見知らぬ人たちのほうが自分に親切にしてくれるという魅力にはまってしまった結果が，彼の遠出という反社会的問題行動と思われる。それは裏を返せば，現実の家族のなかでこそかけがえのない子どもとして大切にされたいとの願望にほかならず，その後の彼の成長が今も気にかかっている。

施設収容は根本的な解決ではない

　この事例はB君がとりあえず安心して居ることができる場所を提供することで終結してしまったが，決して根本的な解決ではない。彼にとって真の問題は，歓迎されざる生を受けて存在しているということをどう受け入れていくかではないであろうか。早ければ4〜5年先には思春期を迎える彼を，周囲特に父親はその後どのように支えていったのであろうか。真の課題解決に向けてこのときから準備をしておくことが必要な事例であったが，厳しい現実に十分なことができないまま，施設に収容ということで相談室の関わりは終わってしまった。

　幼い子どもの反社会的な問題行動の背後には，多かれ少なかれ両親あるいは家庭の問題が大きく横たわっており，どこかで根本的な解決をめざさない限り，世代を越えて問題が受け継がれていく様子がこの事例によく現れている。連鎖をいかにくい止めるかは大きな課題であるが容易ではない。

⑶ 落ち着きがなく，トラブルの絶えないC君

　この事例は近年日本でも注目されるようになってきたADHD（注意欠陥多動障害）といわれる子どもで，教室内での行動は注意のなさや過活動，衝動性など反社会的な面が前面に出る指導の困難な問題行動の一つである。精神神経学的な障害からくる行動異常であることが上記の2つの事例と異なっている。

　C君はいくら注意しても落ち着いて自分の席に座っていることができない小学2年生の男の子である。まわりのちょっとした刺激にすぐ反応して席を立ち歩き，今やり始めたと思ったら次の瞬間にはもう他のことをしているというように，一つのことを最後までやり遂げることがない（これを注意の転動性という）。また友だちに自分の興味関心だけからちょっかいを出し，嫌がられるといきなり殴りかかる（衝動性）など，とかく集団生活の秩序を乱しがちである。意志のコントロール力を上回る衝動性が問題で，障害の診断が下るまで何年間も，集団行動ができない，協調性のない乱暴な子として問題視され続けてきた。彼が一人いるために教室はいつも騒然としており，担任はいっときも気が休まるときがなかった。

問題行動と精神病理……問題行動とは，子どもの行動上に現れた異常，すなわち本人のみならず周囲の者も少なからず不都合を感じるような行動をいう。たとえば不登校や，いじめ，集団不適応（乱暴，トラブルが絶えないなど）あるいは落ち着きがない，無気力，内気・消極的，孤立，わがまま，反抗的，嘘言，盗み，盛り場の徘徊，家庭内暴力など実にさまざまで，教育相談でいうと「性格行動上の問題」に分類されているものにあたる。

　一方，朝，学校へ行こうとするとお腹が痛くなったり微熱が出る，あるいは円形脱毛症，乗り物酔い，気管支喘息，起立性調節障害，アトピー性皮膚炎なども小学校段階の児童によく見られる身体病である。これらは確かに身体に現れた病気ではあるが，その発症や経過に心理的因子が密接に関係していることから心身症（p.59の用語解説参照）といわれる。

　性格行動上の問題もほとんどは心理的な原因と考えられているが，不登校のように現象としては学校へ行かない，行けないということであっても，原因はさまざまである。たとえば小学生ではまれであるが，精神病のために現実検討能力や種々の刺激の統合力が低下していて学校に行くことができないなど，心の病気ゆえに理解しなければならない場合もある。このような不登校は単なるなまけとは異なるので，精神医学的な治療が優先され，登校刺激はかえって状態を悪化させかねない。

　小学生でいうならば，本文で紹介したC君のように，注意が集中しない・持続しない，友だちにすぐ危害を加える，よくころぶなどの問題行動は精神神経学的な障害「ADHD（注意欠陥多動性障害）」からくるものであった。その他にも全体的な知能障害ではないが，読み・書き・算数・運動のある限定された能力が障害を受けている学習障害（LD）や広汎性発達障害（自閉症），心身症など子どもの問題（行動）のなかには，心理学的アプローチだけでは改善が望めないものがある。精神医学，心理学，教育学など近接科学との連携が必要で，治療教育はこのような場合に導入される。

こうした状態は幼稚園でも指摘され，年中組から年長組に進級するときやむなく転園したほどであった。並行して方々の相談室を訪れたものの，ADHDの知識が普及しておらず，どこも親が甘いからと暗に母親の育て方を非難するに留まっていた。親としては小さいときからしつけは厳しくしてきたつもりだが，3歳上の兄とまったく手応えが違うので育て方が悪いと言われてもなす術がなかった。母親は家にいても，彼が誰かに怪我をさせたとの連絡が入るのではないかと，気が気ではない毎日であった。

　彼は距離感が乏しいこともあって友だちに怪我をさせるだけでなく，自分でも道路の段差につまづいたり，自転車で物に乗り上げてひっくり返ったり，いくら「気をつけなさい」と注意しても，まったくといってよいほど身につかない不思議な子どもであった。どうやら「気をつける」ということはどういうことをいうのか彼には理解できないのではないかと思い始めていた矢先，テレビでADHDのことが紹介されたのがきっかけで，「もしかして」と母子で来談した。

　それでいてC君は音楽や音には鋭い感覚をもっていて，小学2年生ながら映画音楽に関してはいっぱしの評論家はだしで，特に武満徹のファンという年齢不相応な面があった。道を歩いていてもコオロギの声に「お母さん，虫が音楽会をしているみたいだね」とか，夕焼けに染まる空に響くお寺の鐘に「何だかさびしい音に聞こえるね」などと言ったりするので，何かアンバランスな彼を感じての来談であった。

　その後，彼は母親の勘が的中して，ADHDの診断が下った。ADHDについて詳しくは専門書をご覧いただきたいが，ここでこの事例を取り上げたのは，学校には病気や障害を背負っている子どももいるということを，まず知識としてもっていてほしいと思ったからである。担任や母親が長い間苦しんだように，単に落ち着きがない，友だちに危害を加えるとみて注意するだけでは彼の状態は治まらない。さまざまな手を尽くしても変化がない場合は，単に心理的な問題だけではないと判断して，原因を突き止める手段を講じるべきである。最終的には治療教育的なプログラムにのせることが必要となるかもしれない。C君の場合も週に1回，治療教室に通うことで障害を受けている部分を補う方法を学ぶ訓練が始まった。母親の兄を育てた経験が原因の発見につながったが，訓練の効果が出るまでにはさらに長い時間が必要であった。

　幼児期・学童期の子どもを対象としている教育専門職には，障害や病気の知識も必要といわれるのは，ときにこのような子どもを担任することもあるからにほかならない。

11 問題行動を通して子どもが訴えるものⅡ
——非社会的行動

1. 非社会的問題行動に潜む子どもの心のメッセージ

　子どもの心はさまざまな姿でメッセージを送る。医学的検査をして「異常がない」といわれても訴えられる腹痛や頭痛，めまいや吐き気といった身体症状や身体感覚としてメッセージを出してくることもある。また，人と話さなくなったり，部屋に閉じこもったり，不安や絶望感で不眠や食欲低下に陥ったりという状態でメッセージを出してくることもある。

　ここでは，特に，子どもの非社会的問題行動に潜む心のメッセージに耳を傾けてみよう。

⑴　「いい子」からの脱皮

　リョウ君[1]は，気のきく子で，責任感が強く，クラスメートも係活動では彼を頼りにしていた。勉強もできるし，スポーツも得意だった。彼が小学3年の2学期から欠席し始めた。朝になると，腹痛と吐き気を訴えるようになったのだ。はじめの数週間は，母親と一緒に小児科をまわった。いくつかの検査をしたが，結果はすべて「異常なし」。ある医師は「気の持ちようだよ」と励まし，別の医師は，「ちょっと甘えているのでは？」と言った。異常がなかったことに安心してか，医師の言葉に「甘やかしてはいけない」という思いを膨らませたのか，母親は，翌朝からリョウ君をたたき起こし，彼の腕を引っ張ると学校までつれていこうとした。「どこも悪くないのよ」「しっかりしなさいよ」「どうして普通のことができないの」「前はちゃんとやっていたじゃない」……母親はあるときは怒鳴り，あるときは嘆願した。

　異常はないのにお腹が痛いと訴える行動，学校に行かないという行動，どれも母親を当惑させるばかりだ。何とか「普通」に戻したいと必死になった。しかし，ある朝，リョウ君は母親の腕を振り払って，いままで聞いたこともないような大声で泣き出す

（1）　この事例の人物名は仮名で，プライバシー保護のため内容の一部を修正している。

と，自分の部屋に閉じこもってしまった。リョウ君も母親以上に学校に行けないことを気にしていたのだ。行かなければならないと思うし，行きたいとも思う。早く「普通になりたい」と思った。しかし，体が思うようにならない。カウンセリングに来始めた頃，彼はこう言った。「お腹のせいなんだ。お腹さえ痛くなければ行けるのに……」この頃身体は，母親とリョウ君にとって，「厄介者」「裏切り者」であった。

　勉強嫌いでもなく，友だちがいないわけでもない「いい子」のリョウ君がどうして「登校すること」，2人の言葉を借りれば「普通のこと」，ができなくなったのだろう。彼の腹痛や吐き気はどうして起こるんだろう。

　リョウ君は小さい頃から「だだ」をこねて親を困らせたことがなく，しっかりしていて，親にさえ気を使い，顔色をうかがうところがあった。親としてはきょうだいが続けて生まれたこともあり，そういう彼のあり方に知らず知らず頼り，さらに期待するようになっていた。小学生になって，いままで以上に親から「普通の子なら」，「よその子はもっと」と厳しく言われることが増えた。彼を担任した先生は，「いい子だが子どもらしさがない」と心配した。「子どもらしさ」とは，子どもとしてのあるがままの姿，野性的で自由な自分の姿である。彼のそうした自分はどこにいったのだろう。

　いわゆる「いい子」たちは，なかなか弱音を吐けない。「いい子」のなかには，大人にとって都合がいい，大人が失望しないよう大人の思い通りに生きる子どもがいる。彼らは，自分の意志や感情をもつ自分を育てる代わりに，大人の期待を背負う大人の私有物のような自分を育ててきた。しかし，成長とともに，ごまかし欺いてきたあるがままの自分がこれまでの生き方をしてきた自分とぶつかり出すことがある（前川，1995a）。リョウ君もそうだった。自分のために自分の心を主張できない。自分を出して拒絶されることを怖がっている。

　こうした「いい子」にとって，身体の症状は大きな意味をもつ。身体は心よりも弱音を正直に吐いて，他人に頼ることも可能にする。心が打ち明けられないことも，身体は代弁してくれる力をもっているのである。ところが，決して仮病ではない身体症状は，実際に苦しい体験であり，はじめの頃は，身体が代わりに打ち明けている心のメッセージに本人も気づかない。そんなときは，身体の不調に焦りや失望感を抱くのである（前川，1995b）。

　リョウ君もお腹が「裏切り者」ではなく，じつは「味方」であったことに気づいたのはしばらく経ってからだった。彼は，「身体のせい」でなく，「身体のおかげ」で不登校という閉じこもりを実現し，その過程で弱音を吐いたり，人に頼ったり，あるがままの自分と向かい合ったり，いい子の自分とぶつかり合ったりすることができたの

である。

　一年ほど閉じこもっている間，彼は「もう，お母さんのいう『普通の子』は嫌だ」と語るようになり，「いい子」である自分を切り捨て，たたき壊そうとしてイライラすることが多くなった。「いい子」こそ，自分を苦しめていたんだと「いい子」である自分とそれを強いた周りに怒りを向け始めたのである。しかし，実はこの「いい子」も，彼の一部に違いなかったのだ。いろいろな自分のあり方を受け入れるには長いプロセスと多くのエネルギーが必要だった。

　6年生になった夏休み前，リョウ君は突然学校に行き始め，そのまま欠席することなく卒業した。彼が，6年生の終わりにこんなことを教えてくれた。「人から見たら，いまは普通をしているんだけど，ぼくは普通が嫌い。普通じゃないのがぼくだし，でも普通ができるのもぼくだ」と。彼は，「いい子」の自分も，「いい子」以外の自分も携えて，思春期を前に大きく自分を育てていた。

(2) 沈黙から生まれる自分の声

　シズカさん[2]は，家では話すのに，すでに一年以上も学校では言葉を発しない。先生は，何とか彼女の気持ちをほぐそうと，あいさつをしたり，話しかけたりしたが，先生が一生懸命になって「話をさせよう」としても，シズカさんは黙ったままだった。自分の何かがいけなくて拒否されてるのか，ただ甘えているだけなのか……，先生としても，しだいに彼女の沈黙に耐えられなくなって落ち込んだり，イライラしたりしていたが，表面はできるだけ穏やかに明るく接していた。

　特に言葉の遅れや障害があるわけではないのに，あるいは精神病でもないのに，言葉を一言も発しない子どもがいる。「緘黙」といわれる子どもたちの心はどんなメッセージを出しているのだろう。自分の声を出すと，外界から攻撃されたり，批判されるのではないかと脅えて，声を押し殺していることがある。自分を受け入れてくれない外界に対して怒りを抱き，決して

> **緘黙**……言語能力には問題ないものの，言葉を発しない状態をいう。精神分裂病，うつ病，自閉症，重度の精神遅滞，ヒステリー性神経症，また，聾唖などによっても同様の状態が起こるが，一般には心理的要因によるものを指す。まったく発話が見られないものを全緘黙，場面によって話せなくなるものを場面緘黙と呼ぶ。多くは心因性の場面緘黙で，学校など特定の場所，先生など特定の人物に対して発話できず，身体全体の筋肉緊張が生じる。しかし，安心できる場面では普通にコミュニケーションができる。心理的社会的ストレスなど外界の不安に対する未熟な自我の防衛反応と見られている。

---

(2)　この事例は，前川あさ美　1995「子どもの心のメッセージ　第4回」(『月刊学校教育相談』7月号)に紹介した事例の一部である。人物名は仮名でプライバシー保護のため内容の一部を修正している。

許すまいと抗議の姿勢をかたくなにしている場合もある。間違えたり失敗することが怖く，自分の声を鎮め，いつしか自分に声があることを忘れていることもある。

　シズカさんは，自己主張のはっきりとした姉と弟の間にはさまれ，小さい頃から周りの大人から，「ちょっと待って」と言われることが多かった。日常のたいていのことは姉や弟が母親を説得して決めてしまう。また，彼女は小さい頃から人と衝突することや人から反論されることが嫌いで，自分の気持ちを抑えて人の主張に合わせることはさほど苦ではなかったようだ。小学生となり，彼女は自分の気持ちを出すことや何か間違いを言ってしまうことがますます怖くなり，沈黙することが自分を守れるあり方だと思いこんだのかもしれない。

　シズカさんは，「話さない」だけでなく，嫌なことをされても嫌だという反応も出さなかったので，クラスの何人かから，わざと机の上に汚れた雑巾を置かれたり，シズカ星人などとちゃかされノートに落書きされたりすることがあった。ときどき数人の女子がこっそりと先生のところにやってきて，かわいそうだと報告するが，「でも，シズカチャンが何にもいわないからいけないんだよ」と言われてしまう。

　小学生の頃のいじめは，リーダー格の子どもや多数の子どもと「同じでない」子，また，「反応をしない」子がターゲットとなりやすい。変わった筆入れを持っている子，ちょっと違う考え方をする子，とても成績のいい子，教師から特別扱いされる子，リーダー格の子の言いなりにならない子，極端にだらしのない子……という存在は，「同じである」「仲間である」という連帯感を脅かすのである。また，無反応や受動的態度は，人間のなかにある攻撃性をコントロールするのに必要な信号にならない。担任の先生は，こうしたいじめの実態を知れば知るほど，シズカさんが「話せる」ようになることが一刻も早く必要だと必死になった。「話さない」ならと，日記を「書かせる」ことにしたり，いじめられるのは「話さない」せいで，「話す」ようになればいじめられなくなると説得したり，yesかnoのサインを決めて，先生がどちらかで答えられるような質問を次々投げかけるというやりとりを通して彼女の「話せる」きっかけを無理にでも作ろうとした。先生の頭のなかは，シズカさんは「話すべき」で，普通ならもう「話せるはずだ」という思いでいっぱいだったのだ。しかし先生の思いとは裏腹に，結局彼女は小学4年の1，2学期を完全に沈黙で過ごした。

　私たちは「問題」とラベルと貼ると，それを何とかしたいと自分でシナリオを作り，「こうなるはず」を子どもに強要して変化を起こさせようとする。しかし，「問題」にはそれぞれ意味がある。「問題」が変化しないことにも意味がある。何より，子どもにとって意味のある「変化」は，子ども自身のなかから生まれてくるシナリオでしか表せないのである。

バーンアウト寸前の先生は同僚の薦めで心理臨床の専門家と連絡を取り始めた。そして，助言もあって，いじめの問題とシズカさんの「話さない」問題を切り離して対応することにした。どんな理由はあれ，「いじめられていい人間などいない」のである。先生の断固とした態度はクラスのムードを変え，いじめの傍観者や観衆たちがいじめを許さないという断固とした態度をとるようになっていった。

　その頃である。他の子どもの喧嘩の仲裁で，先生は腹の底から怒鳴ってしまった。目からは思わず涙も出たが，頬を流れるのを拭く余裕はなかった。シズカさんはどこからか見ていたのだろう。翌日，「先生元気になってください」などと書かれた，キリンの親子のポスターカードが彼女から届いた。それからしばらくして，「話す」言葉での交流も始まった。クラスの子たちとシズカさんの成長は，嫌がらせや仲間はずれをこのクラスからなくしていた。

　これは，先生が数ヵ月間考えたシナリオにはなかったプロセスである。先生自身が気持ちに正直になり「あるがままの自分」を出したときに，シズカさんの変化が起こった。彼女もまた，自分の気持ちをごまかさないことに挑戦したのだろう。学年が終わる頃，彼女は，「いまは話したいときに話せる。でも，話したくないときには話さなくていいんだ」と語った。無理に話すのでも，全然話せないでもない自分のあり方を，自分で選択のできる自信と安心感を彼女は手に入れていた。また，クラスの子もたちは，一人ひとりが自分を認めてもらいたいと思っている存在であることを共有し，「自分」と「自分たち」に自信と安心感を手にしていた。

2．子どもの心を理解する眼差し

　問題行動への支援や対応は別の章に譲るが，子どもの心を尊重し，理解するために大切な眼差しについて，事例から教えられることを改めてここにまとめてみたい。

(1) 目に見えない心に問いかけること

　目に見える問題行動にだけ注目していては見えないものがある。目に見えるものは本来の問題を隠してしまうこともある。「不登校」「緘黙」「いじめ」……には，自分崩しと自分づくりを始め，子どもを取り巻く人間関係や生きる世界の調整や修正などの複数の重要なテーマが複雑に絡んでいることが多い。原因探しは，子どもを理解するために視点をさまざまに動かしてみるうえでは有効だろうが，実際のところ，原因は特定できるものではない。行動の背景に向かって「どんな意味が」と問いかける姿勢を大切にしたい（Axline，1947；近藤1994）。

⑵ 「わかる」ことを急がないこと

　たとえ，「不登校」「緘黙」「いじめ」と同じ名前でまとめられても，一人ひとりの体験はすべて異なる。どんな教科書も答えを教えてくれない。しかし，教師ならずとも，答えがないことへの耐性は低く，早く「わかりたい」し，「わかるはずだ」と思ってしまう。実際には，教師の「わかったつもり」の姿勢より，「そう簡単にわかってもらえない」姿勢にぶつかることで，子どもは自分と本気で向き合えるようになっていくようだ。どんな検査も，どんな専門家も，どんな長い経験も，どんな豊富な知識も，「わかる」ことへの近道を与えてはくれない。私たちができることは，たくさんの視点（心因性ばかりにとらわれず，器質的疾患への視点も重要だ）をもって，子どもとともに迷ったり立ち止まったりしながら，「わからない」に正直になり，「わかり合う」へと努力し続けることかもしれない。目の前の一人ひとりの子どもから一つひとつ教わりながら。

> **器質的疾患**……有機体を組織する諸器官の解剖学的変化に原因があるような疾患を指す。この場合，医学的検査などによって発見された異常とおもてに現れる症状は理論的に一致する。たとえば，頭痛には，脳腫瘍などの器質的な問題から起こるものと，身体器官の異常は特に見られないが訴えられるものとがある。後者は，心理的要因と深く関係している。心理臨床の現場ではどうしても心因性の疾患が注目されがちだが，器質的原因が潜在している場合があり，それに対する医学的治療の必要性を見逃してはならない。

⑶　子どもを理解しようとする自分を理解すること

　自分のなかにいる「小さな子ども」，自分の成長のなかで未解決な発達課題，職場での人間関係……自分のなかのそうしたことがらが，子どもを理解しようとする自分の心にさまざまな影響を与えている。自分とあるがままに向き合い，受け入れることは決して易しいことではない。ときに，見たくない自分に出会い，不全感や劣等感に圧倒されることもあるだろう。しかし，あるがままに自分を見つめる眼差しが，子どもをあるがままに見守ることを助け，さらには，子ども自身にも自分にあるがままに向き合うことを励ましていくのではないかと思う。

⑷　弱音を吐ける関係を育てること

　「できないのは努力が足りないから」「やればできる」「〜せねばならない」という呪文のなかで疲れて，「助けて」とは言えず，立ち止まることもできない子がいる。この呪文から解放されるのは容易なことではないが，じっくりと時間をかけて，子どもの自尊心を傷つけることなく弱音を吐ける関係，安心して立ち止まれる関係を育てることが，認めがたい自分を受け入れ，改めて自分と向き合う経験を拓いてくれるのではないだろうか。

⑤ 「何とかしてあげる」が作るシナリオを手放すこと

　教師自身が何とかしてやりたいと思って一生懸命になるほど，一方的な期待が隠された，子ども不在のシナリオが作られ，一人で抱えてしまう。これは，結局，子どもが自らの責任で自分と奮闘する主体的過程を邪魔することになり，ときには，子どもの自尊心を損ないかねない。問題行動に意味があるように，その変化にも大切な意味がある。だが，それはあくまでも子どもの側から生まれてくるシナリオにそった変化であるときだ。

⑥ 「いま」と「子どものゴール」を見つめること

　問題行動を見せる子どもにとって，いったいどうなることがゴールなのだろう。「不登校」の子は学校に行けるようになることなのか。「緘黙」児は話せるようになることなのか。子どもたちを見ていると，さまざまなプロセスを経て，「学校へは行かない」を選んだり，「話せないときは話さない」という生き方を選んで成長していくこともある。

　子どもの心を理解するときに，いまの行動の背景に目を向ける眼差しとともに，「この子にとってどのようなあり方がゴールとなるのか」という眼差しも必要である。ところが，後者の眼差しは，「こうなるべき」や「こうなるはず」という眼差しにすり替わりやすい。どんな専門家も，また子どもを想う親や教師も，子どものゴールを決められない。何をゴールとし，どのようにそのゴールへ向かうかは，子ども本人にしか見いだせないし，チャレンジできないのである。

　そんなことをいっていると，小学校の6年間に，十分に理解もできず，ゴールにもたどり着けないことが出てくるだろう。中学へ申し送りをする教師の胸中には不全感をはじめさまざまな感情が渦巻くことと思う。しかし，人間の成長や変化は期限つきで起こるものではない。たまたま出会い，たまたま関われる過程において，子どもを尊重しながら，自分ができる可能性と限界を考えていける教師でいてほしい。

4部
子どもの成長と変容への支援

- 12 モデルとしての教師
- 13 教師の働きかけの特徴
- 14 学級集団づくり
- 15 学校内での支援体制
- 16 外部の関連機関との連携
- 17 発達を保証する補償・治療教育
- 18 成長・変容を支える
    さまざまな心理技法Ⅰ
- 19 成長・変容を支える
    さまざまな心理技法Ⅱ
- 20 子どもの成長・変容を
    うながす心理教育

12 モデルとしての教師

1. 子どもにとって魅力ある教師とは

子どもは学校において教わる教師を自ら選ぶことはできない。そして，教室において生活していくためには，教師が教室の運営上の責任をもつ意味で児童・生徒よりも権力をもつという「隠れたカリキュラム」を子どもたちは学ばなければならない。児童・生徒は教師の指示に従って自分の学校生活のプランを教師のプランに置き換えている（Jackson, 1968）。それだけに，教師がどのような存在であるのか，教師のあり方，居方が，子どもの学校生活や発達の方向に大きな影響を与える。

表12.1は，中学・高校生に，教師から受けた感動体験について作文に書いてもらい分析したものである。授業の内容や方法というあらかじめ意図的計画的に準備されたものよりも，日々の教師の振る舞いや雑談などの偶然的な関わりとしてのできごとのなかに，児童・生徒はその教師との重要な経験や教師に対する感謝や敬愛の情を生み出していることがわかる。そしてそれは，そのときだけのものではなく後まで影響を与えたり，またそのときには気づかないが後になって気づく場合もあることが次の文から読みとれるだろう。

「そのときはあまり気づかなかったけれど，私のことを心配して気にかけてくれていた，先生の温かさがいますごくわかります」（高1女子）／「ぼくはいまも何か失敗して友だちに恨まれたときは，先生が言った言葉を思い出して，皆に心を込めてあ

●表12.1 教師から受けた感動体験の内容カテゴリーの割合（速水ほか，1996）

(％)

	姿勢・態度	雑談・会話	予想外の行動	叱責・説教	称賛・励まし	授業の内容・方法	問題の解決	その他	人数（人）
全体	32.24	16.37	8.31	10.58	12.85	7.56	10.08	4.03	397
男子	29.59	14.80	9.18	12.76	12.76	10.20	7.65	5.61	196
女子	35.00	18.00	7.50	8.00	13.00	5.00	12.50	2.50	200

やまっています」(中2男子)／「先生は私たちのことをすごく大切に思ってくれていたように思います。また私たちをただのいうことを聞かない小学生ではなく，自己主張のある小学生として見てくれていたように思います。普通の先生だったらしてくれないことをいっぱいしてくれた先生でした」(高1女)

　しかし，すべての教師に子どもたちがよい思い出をもてるわけではない。不満に思うこともある。図12.1は小学校4，5，6年生1,777名，中学1，2，3年生1,065名に担任の先生への満足度を尋ね，満足度が高いクラスと満足度の低いクラスという満足度の相違によって，子どもたちがとらえた担任の教師像に大きな違いの見られる項目を示したものである。小・中両課程に共通している項目が大半であり，いずれにおいても授業や指導への熱心さや生徒に対する心配りをしてくれる先生への満足度が高い。反対に教師の叱責・注意が不満の高いクラスでは，高く認識されている。また，共通性だけではなく中学生では小学生とは異なる面も見られる。中学では自分の中学高校時代の体験を話してくれたり，校外であったら声をかけてくれるなどの一人の人間として対話し関わりをもってくれる教師に対し満足を感じていることがわかる。浜名ほか(1983)は，小学校4，5，6年生に対し「あなたが先生のいわれることをよく守ったり先生の指示に従ったりする理由」を選択させ，教師の影響力の源としてどのような面を児童が認識しているのかを検討している。その結果，学年とともに役割関係やにらまれると困るといった罰，容姿などの外面での影響は減少し，教師の親身になって教えてくれる，自分を信じてくれるなどの人間的配慮によって影響を受けるようになることが明らかにされている。つまり先生だから，罰を受けるのが嫌だから従うのではなく，成長とともにその先生と児童・生徒との関係性が形成され，先生の心配りを理解し教師に従うようになることがわかる。

　表12.2は，児童・生徒が期待する教師像，教師の態度の発達的変化を示したものである。発達とともに教師に求めるものが変化していくことがわかる。つまり，児童・生徒の発達に即した教師のあり方があるのである。

2. 教師から児童・生徒への影響過程

　教師は，さまざまな側面で児童・生徒に影響を与える。教師は児童・生徒にとって，一つのモデルとなっている。それは教科学習だけではなく，思いやりなどの向社会的行動や社会的なできごとやものごとへの態度，性役割行動などの社会的振る舞いの学習におけるモデルでもある。「子どもは親の背中を見て育つ」といわれるが，学校生

4部　子どもの成長と変容への支援

《小学生》
(「担任への満足度90％以上のクラス」-「担任への満足度50％未満のクラス」)

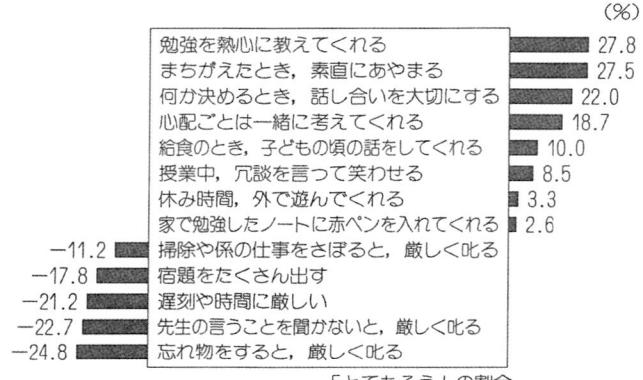

(％)

項目	「とてもそう」の割合
勉強を熱心に教えてくれる	27.8
まちがえたとき，素直にあやまる	27.5
何か決めるとき，話し合いを大切にする	22.0
心配ごとは一緒に考えてくれる	18.7
給食のとき，子どもの頃の話をしてくれる	10.0
授業中，冗談を言って笑わせる	8.5
休み時間，外で遊んでくれる	3.3
家で勉強したノートに赤ペンを入れてくれる	2.6
掃除や係の仕事をさぼると，厳しく叱る	-11.2
宿題をたくさん出す	-17.8
遅刻や時間に厳しい	-21.2
先生の言うことを聞かないと，厳しく叱る	-22.7
忘れ物をすると，厳しく叱る	-24.8

《中学生》
(満足度60％以上のクラス群-30％未満のクラス群)

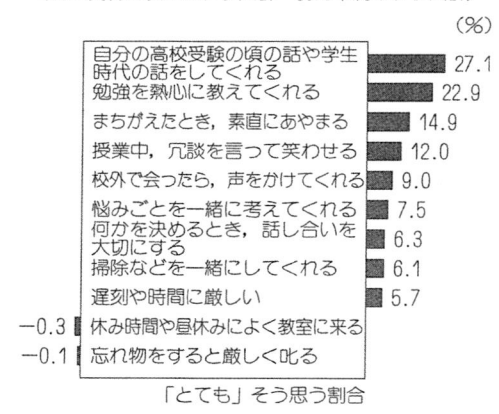

(％)

項目	「とても」そう思う割合
自分の高校受験の頃の話や学生時代の話をしてくれる	27.1
勉強を熱心に教えてくれる	22.9
まちがえたとき，素直にあやまる	14.9
授業中，冗談を言って笑わせる	12.0
校外で会ったら，声をかけてくれる	9.0
悩みごとを一緒に考えてくれる	7.5
何かを決めるとき，話し合いを大切にする	6.3
掃除などを一緒にしてくれる	6.1
遅刻や時間に厳しい	5.7
休み時間や昼休みによく教室に来る	-0.3
忘れ物をすると厳しく叱る	-0.1

◉図12.1　担任への満足度により担任教師像が大きく異なる内容（ベネッセ教育研究所，1995，1996）担任への満足度が80％（中学では60％）以上のクラスで「とてもそう」と答えた比率と50％（中学では30％）未満のクラスでの比率に違いが認められた項目と，そのクラス間での比率の違いを示している。つまり，小学生では「勉強を熱心に教えてくれる」という項目は満足度の高いクラスと低いクラスでは「とてもそう」の比率に27.8％の差があること，反対に「忘れ物をすると厳しく叱る」では低いクラスのほうが24.8％多いことを示している。

●表12.2　子どもの教師認知・態度の発達的変容（岸田，1987）教師への期待とは「どのような先生を望むか」そして理解の特徴とは「先生とはどのような存在だととらえているか」，教師への態度とは「期待と理解に伴って実際にどのような態度をとるか」を示している。

段階 ＼ 特徴	教師への期待・要求	教師への理解の特徴	教師への態度
小学校低学年〜中学年	母親的教師 (やさしい生活指導者・学習指導者)	絶対視, 偶像視 (教師は絶対的権威をもつ)	愛情期待と畏敬 (親和的, 肯定的, 依存的, 開放的態度)
小学校中学年〜高学年	父親的教師 (公平で熱心な学習指導者)	絶対視, 偶像視の崩壊 (教師の批判への芽ばえ)	信頼と批判 (信頼的, 肯定的, 独立的, 閉鎖的, 一部批判的態度)
中学生〜高校生	専門的・人生の先達的教師 (厳正で, 熱心な学習指導者・人生の教師)	理想像の追求 (理想と現実との教師像のずれの発見と批判) ひとりの人間としての受容 (教師も弱さや悩みをもつ普通の人間としてみる)	反抗と性愛的思慕 (反抗的, 批判的, 否定的, 独立的, 閉鎖的, 憧憬の態度)

活において児童・生徒は教師の背中を見て育つ面も多い。またこの影響は児童・生徒の発達によっても変化する。教師は，先生みたいになりたいというあこがれとしてのモデルにもなれば，一つの学校文化，大人文化の権威や制度の象徴としてのモデルとしてとらえられ反抗・批判の対象となることもある。

　児童・生徒は教師からどのようにして影響を受けるのだろうか。教師は教師自身がもつ教育観，授業観，学習観という信念と社会や文化，勤める学校の制度や教師文化，学校文化の要請によって教師としての自分自身の役割をとらえ，それにもとづいて行動する。ここでは教師からの間接的影響と直接的影響に分けて述べてみたい。

(1)　間接的影響としての学習環境・活動のあり方

　教師の仕事の一つは学習環境や学習課題，学習活動の組織化を図ることである。学習環境自体のあり方に教師の学びへの志向が現れ生徒を方向づける。たとえば，自分が以前よりもできるようになってきたという成長感をもてるようになることが学習の目標だと考えるのか，他者よりもよくできること，自己能力や自己価値を高めることが学習目標だと考えるのかによって学級全体の雰囲気が異なる。個々の児童・生徒の学習観によっても異なる。新しい知識・技術を身につけることで自分の有能さを高めるという学習目標は習熟目標，よい成績をとることで他者からの肯定的評価を得るという学習目標は遂行目標と呼ばれる（Ames & Archer, 1988）。そして教師の授業観，教科観は学習活動として競争的活動や共同的活動，個人での活動など活動の構成や原

理を考えるのか，手続きを効率よくできることに時間をかけるのかといった課題の選択構成の仕方や教室で行う会話のあり方に影響を与える。たとえば，数学の授業は，数学の知識や原理を覚え使えることとする授業観と，数学者が数学するように数学の実践とはどのようなものであるかを会話を通して体験し学ぶことにあるという授業観では授業での会話も教師の関わりも違ってくる。前者の授業観なら答えが出れば終わりとなるが，後者ではたとえば数学的に正当な方法のなかでも何がどのような意味をもつのかを児童・生徒たちが話しあって推理したり，方法や記号の意味を一般化したりするようになる（ランパート，1990）。このように，学びのモデルを教師は環境や活動を組織することによって間接的に示したり，行為を規定し方向づける。このことによって児童・生徒を教師の考える学び手のモデルへと導き仕立てていく。

(2) 直接的影響としての期待と導き

また教師は環境を組織するだけではなく，言動を通して個々の児童・生徒に直接的に働きかける。教師は，学校という場で社会文化的活動に児童・生徒を動機づけて誘い，その社会や文化の価値や知識，技能，思考様式の習得を図るよう導く。難しいときには足場を作って児童・生徒がやってみるよう援助し，しだいにできるようになると援助の仕方を変えたり援助量を減らしていき，一人前の学び手となるよう育てるという意味でコーチでもある。単に教える，伝えるだけではなく，ファシリテーターであったりコーチであったりする。またときにはその活動が一人前にできるとはどのようなことかというモデルを児童・生徒に見せたり伝え，児童・生徒にその活動を行ってみてコーチし評価する形で直接関わっていく。つまり，教師自身がモデルとなり，また学級の仲間や学びの対象として関わる人のなかにモデルを作り出し，そしてそれぞれの児童・生徒がそのモデルにあうよう期待をもって働きかけをしていることもある。

図12.2は，教師のこうした働きかけや期待に対して児童・生徒がどのようにしてその期待を実現していくのか，そこに関わる児童・生徒の心理的要因を過去の心理学研究の知見から整理し図示したものである（吉田，1995）。教師は，個々の児童・生徒の特質に応じた働きかけを行っている。それはある児童・生徒の特定の行動に対し言語的フィードバックを行ったり，日常のやりとりのなかで教師自身も暗黙のうちに視線やうなずきなどの非言語行動を示したり個々の児童・生徒へ関わったりしている。それを個々の児童・生徒は他者との比較のなかで，教師の自分への認知，期待に気づき解釈しそれに応じて行動を生み出していくのである。

モデルとしての教師

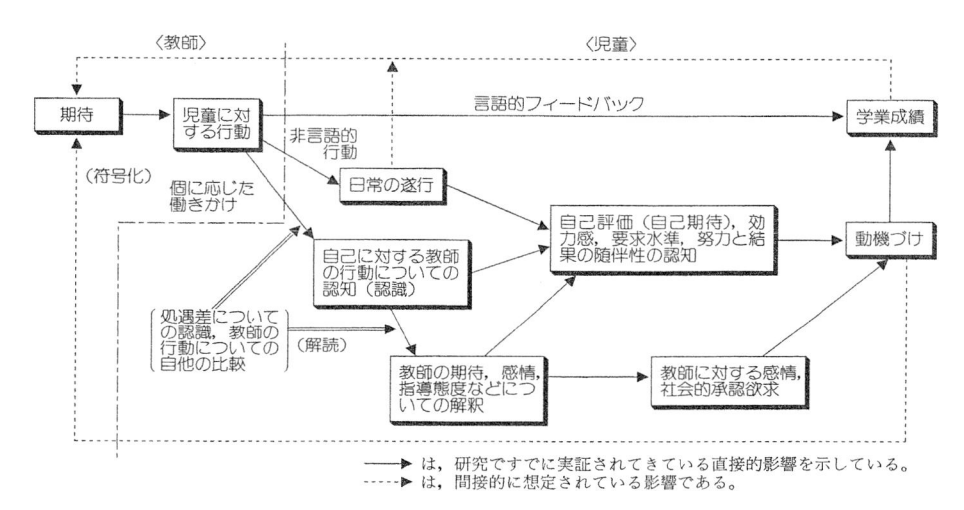

●図12.2 学業成績についての教師期待効果の生起過程に関するモデル（吉田，1995に一部加筆）

3．教師役割・モデルへのとらわれからの脱却

2では教師がモデルを示し，また児童・生徒への期待をもって，あるべきモデル像に向かって子どもを動かすことと，その影響の過程を示してきた。教師が児童・生徒に対し期待をもち，自らモデルを示すこと，これは学習を動機づけ，児童・生徒が展望をもつうえでも大変重要なことである。しかし，教師自身がこのような教師役割や期待にとらわれ，あまりにも勤勉な教師でなければならないとがんばって児童・生徒を導こうとすることが，教師が権威によって教え込んだり評価することになる場合がある。それは，児童・生徒一人ひとりの独自のよさを見落とし，児童・生徒を教室での居心地の悪さや不安に駆り立て，教師自身をも疲れさせることになる（横湯，1993；近藤，1996）。「～であらねばならない（例：意図通りに児童を方向づけなければならない，教師は担任するすべての生徒から慕われるべきである）」という絶対教義的な強迫的信念はイラショナルビリーフと呼ばれる。教師はイラショナルビリーフにとらわれがちである（河村・國分，1996）。またときには自分でもこうした教師のあり方や信念に安住し，自らが児童・生徒に与える影響を見失うこともある。

児童・生徒は教師の期待に応えられない，教師の抱くモデルに自分の将来を重ね合わせられないときに無気力や挫折感を味わったり，教室で学ぶことを拒み，ときには沈黙や多数派につく，教師からヒントを最大限に引き出す，あてずっぽうを言うなど

さまざまな戦略によってその場を切り抜けようとし始める。

> 大人が子どもに対してすること，なすこと，仕向けていることが彼らの知的・創造的能力の大半を破壊してしまっている。とりわけ子どもたちを恐れさせることによって破壊しているのだ。大人の期待通りできないことへの不安。相手に気に入られないこと，間違いをしでかすことへの不安。こうして僕らは子どもたちを不安に陥れ，冒険できなくさせてしまっている。（ホルト，1987，p. 158）

これとは反対に，児童・生徒が教師に対する信頼や尊敬にもとづいて行動できるのは，教師が児童・生徒に心を砕き自己を開き，教師も児童・生徒も役割にとらわれず相手とケアしあえる固有の関係をとりむすぶことができたときである。それはモデルを作りそこにあてはまらない部分を見失うのではなく，その児童・生徒，その教師，つまり「あなたと私」は違うこと，それぞれの違いを認め，その人らしく生きることを教室で認めながら共に学ぶ楽しさを相互に味わえたときである。ノディングス（1997）は，ケアのできる教師は，児童・生徒があたかも独力で行為しているかのように感じさせながら，実は援助するという役割とその児童・生徒と他の児童・生徒が独立しており1個の主体であることを見とることができるという生徒を受け止める役割の二重性が備わっているとしている。教師自身が生徒にとって生きる先達としての魅力あるモデルとなるのは，教師自身が教師役割や型から脱皮しその人らしく自己を生きている姿，学び手として共に探究する姿を見せたとき，ときにはその人の弱さやもろさまでも見せて生きている姿を示し，児童・生徒がそこから人の生を学ぶときである。モデルとしての教師とは，言い表し教え示していくのではなく，児童・生徒との関係のなかで自分を生きる姿を示すことである。同型のものを創り出す手本としてのモデルではなく，そのものらしくそれぞれあってよいという居方のモデルである。あるベテラン教師が次のように述べている。

> これまで「教師」の目で見て苦にしていた生徒の未熟さも，自分の弱さと重ねてうけとめることができるようになってきた。人間の弱さをいとおしく思う。すると，新しい生徒が見え，新しい自分が見えてきた。生徒もまた私の弱さを共感的に受け入れてくれる。だから私は教室の生徒にためらわずに惚れることができるようになった。教師の看板をおろして生身で向っていく私に生徒たちは「先生，愛してるよ」と手を振り「先生，こっちにきて俺にも教えろよ」と叫ぶ。私は幸福感でいっぱいになる。そんなとき学校も変えることができるに違いないと思う。（井上，1993，p. 283）

教師もまた，教室での居方を模索し生徒と共に発達変容していくのである。児童・生徒と自分を見失う教師から，見いだす教師と学校への変容である。

13 教師の働きかけの特徴

　前章では，子どもにとって「魅力」のある教師，「モデル」としての教師という，どちらかといえば教師という存在の「光」の側面を見てきた。本章では，その逆の「影」の側面を考えてみよう。

　前章で引用された井上（1993）の文章は，教師としての自分のあり方の変化と成長を語ったものであるが，同時に，教師が陥りやすい罠，教師がぶつかる大きな壁を示唆している。たとえば，「これまで『教師』の目で見て苦にしていた生徒の未熟さも，自分の弱さと重ねて受けとめることができるようになってきた」という表現は，同時に，それまでの彼が，生徒を「教師」の目で見て，生徒の「未熟さ」を「苦にしていた」ということを暗示している。「教師の看板をおろして生身で向かっていく私に生徒たちは……」という表現は，同時に，それまでの彼が，「教師」という「看板」を背負い，生身で生徒に向かっていけなかったということを暗示しているものでもあろう。

　①生徒を「教師」の目で見ると，生徒の未熟さばかりが目について，いらだちや不満ばかりが湧いてくる，②「教師」になると，自分と生徒の間に一線を引き，自分の弱さや不完全さは棚に上げて，生徒の弱さや欠点ばかりを責めるようになる，③「教師」になると，教師という「看板」を背負って生身の自分を現さないようになる，というこのような特徴的な「あり方」は，実は，「子どもとの関係がうまくいかない」「自分自身が苦しくてしかたがない」「教師という仕事が楽しくない」という悩みをかかえる教師たち自身が，子どもとの関係を何とか変えようと苦闘し始めるときに，共通に気づき始める「これまでの自分のあり方」を表している。また，教師になった人間が示し始めるこのようなあり方は，これまでもさまざまな言葉で指摘されてきた。教師の「尊大病」（自分が他者よりも一段上にいるような態度を見せるようになる），教師の「謝りべた」（自分が間違ったことをしたときにも，素直に謝ることができない），教師の「ねばならない強迫」（何事においても，「こうあらねばならない」「こうしなければならない」という規範が優先し，融通のきかないかたくなな考え方になる）などが，代表的なものといえる。

近年，教師特有のこのようなあり方を，学校特有の文化や教師という役割と関連させて，人間関係論的に明らかにしようとする動向が現れてきた。本章では，この動向と，そこで明らかになるつつあることを，概説する。

1．教師のコミュニケーション

　教師の人間関係スキルやコミュニケーション・スキルの向上を目的とする「教師業訓練（Teacher Effectiveness Training）」（Gordon，1974）を開発したゴードンは，教師が子どもとの関係のなかでぶつかる問題を，「子どもが困っている場合」「教師が困っている場合」「子どもと教師の意見が対立して両者が困っている場合」の3つに分け，それぞれの場合に現れる教師独特のコミュニケーション・パターンを「非受容を表す言葉」「あなたメッセージ」「勝負あり法」と名づけて明らかにしている。

(1)　非受容を表す言葉

　「子どもが困っている場合」，たとえば「宿題が難しすぎる，僕にはできない」と子どもが訴える場合，実際は子どもが困って援助を求めているにもかかわらず，教師がしばしば子どもに投げかける言葉は，「文句ばっかり言っていないで，さっさとやってしまいなさい」（命令・指示），「来年は中学生だというのに，まるで小学4年生程度ね」（悪口・きめつけ・嘲笑），「宿題をやらずにすませるにはどうしたらいいか，そればっかり考えているんだろう」（解釈・分析・診断），「なぜもっと早く言ってこなかったの」（詰問）等の「非受容を表す言葉」になりやすい。しかもゴードンによれば，教師が子どもに投げかけるこれらのメッセージの裏には，①「君がいけない」「君が間違っている」「君には力がない」「君は私ほどは，賢くないんだ」といった，子どもについての，隠れたメッセージが必ず含まれており，②子どもはこの隠れたメッセージを受けとって，「先生は，僕をバカなやつだと思っている」「先生は僕の気持ちも考え方も，受け入れてはくれないんだ」「僕の気持ちはいいかげんで大した問題ではない，と先生は思っている」「先生は僕のことを真剣に考えてくれない」「僕は自分では解決できない人間と思われている」「僕は信用されていない」と考え，③その結果，反抗的な気持ちになったり，メッセージをそのまま受けとって「自分はダメな人間だ」と考えたり，あるいは「これ以上話しても無駄だ」と教師とのコミュニケーションをあきらめてしまうといった過程が生じ，教師と子どもの関係のなかにさまざまな障害が生まれてくるという。

⑵　あなたメッセージ

　「教師が困っている場合」というのは，たとえば，「子どもが新品の机をひっかいている」「授業中に歩き回り，授業を妨害する」「ガムの包み紙を床にちらかす」「使った参考書を本棚に戻さない」「子どもがおしゃべりして，教師の指導時間がなくなる」等の行動を子どもがする場合である。これらの場合，子どもは困っているわけではない。「机を傷つけてほしくない」「話をさえぎられるのは嫌だ」「参考書をなくされたくない」「子どもがちらかしたゴミの掃除をしたいとも思わない」と思う教師の側が困っているのであるが，このような場合に教師が送るメッセージには，一般的に，「解決メッセージ」「やっつけるメッセージ」「遠まわしのメッセージ」の3つがある。
① **「解決メッセージ」**　「今すぐ着席しなさい」（命令・指示），「もう一回いたずらしたら，放課後も残すよ」（注意・脅迫），「君は分別があるから，そんなことはしないはずだ」（訓戒・説教），「ぐずぐずしていると，仕事は終わらないよ」（講義・理詰め）等の，「～しなければならない」「～したほうがよい」「～すべきである」という，規範に沿った解決の方向を子どもに伝えるメッセージである。
② **「やっつけるメッセージ」**　「君はいつも問題を起こす子どもだな」（判断・批判・不同意・非難），「お前たちはまるで野獣のようだぞ」（悪口・きめつけ・あざけり），「みんなの注意を集めたいから，そんなことをするんだ」（解釈・分析・診断），「授業中おしゃべりばかりして，単位がとれると思っているの」（質問・尋問）等の，子どもを否定的に評価し，やっつけるメッセージである。
③ **「遠まわしのメッセージ」**　「君は静かなときはいい子どもだね」「こんな猿みたいな子どもを，教えることになるとはなあ」「君はいつから校長先生になったの」「お笑いの時間が終わったから，先に進もう」等の，子どもをからかったり，皮肉を投げつけたり，話をそらしたり，子どもの気晴らしになりそうなことを言うメッセージである。

　「教師が困っている場合」に現れるこれらのメッセージに共通する特徴は，教師である「私」が困っているにもかかわらず，「私」に関する情報は皆無で，「（あなたは）今すぐ着席しなさい」「（あなたは）分別があるから，そんなことはしないはずだ」「（あなたは）いつも問題を起こす子どもだな」「（あなたたちは）まるで野獣のようだ」「（あなたは）静かなときはいい子どもだね」「（あなたは）いつから校長先生になったの」というように，常に，「あなた」を主語にして「あなた」を責めるメッセージになっていることである。ゴードンはこの特徴をとらえて，これらのメッセージに「あなたメッセージ」という総称を与える。そして，これらの背後には，「あなたが悪い」「あなたが変わるべきだ」「私がボスだ，私の言うことに従うべきだ」という隠れ

たメッセージが潜み，それが子どもの反抗や抵抗を引き起こしたり，「自分はダメな人間だ」という否定的な自己像を子どものなかに生み出したり，あるいは教師の攻撃から身を守るために教師を無視する反応を子どものなかに呼び起こすという。

(3) 勝負あり法

教師は「こうしたい」と思うが，子どもの側は「ああしたい」と考え，両者の意見や欲求が対立して両者が困っている第三の場合に，多くの教師は「このような対立が解決するのは，自分が勝つか負けるかだ」と考える，というのがゴードンの重要な指摘である。「若い連中にナメられるなんて，とんでもない」「子どもが勝手なことをやるから，問題が起こる」「校長や教頭が弱腰だから，子どもがのさばる」「最初が肝心。とにかくコワモテでやるべきだ。そうすれば子どもは，誰が教室で一番偉いのかわかって，教室管理が楽になる」等々の言葉に，子どもとの対立を「勝負」ととらえる考え方がにじみ出ているというのである。

この「勝負あり法」には2つの型がある。一つは「教師が勝ち，子どもが負ける」勝者型であり，もう一つは「教師が負け，子どもが勝つ」敗者型である。前者は，教師が，命令，指示，脅迫あるいは賞罰や体罰等を用いて，つまり多かれ少なかれ権力を振りかざして，子どもの意向を押しつぶし，自分の意向を押し通すコミュニケーションであり，一方，後者は，教師が子どもに屈服し，教師が子どもをコントロールすることをあきらめ，子どもの意向がまかり通る場合である。言うまでもなく，勝者型のコミュニケーションを用いれば，教師の意向は通るが，①負けた子どもの心のなかには，怒り，憎しみ，欲求不満，恐怖，無力感，屈辱感，劣等感などが生まれ，②子どもはこれらの感情に，反抗するか，服従するか，逃げるかのいずれかの方法で対処せざるをえなくなる。一方，敗者型のコミュニケーションを用いれば，子どもはタガが外れたように，したい放題になり，ワイワイと騒いだり，自分勝手に行動したりして，手がつけられなくなる。敗者になった教師の心のなかには（敗者になったときの子どもの場合と同様に）怒り，欲求不満，無力感，屈辱感が生まれ，子どもを嫌い，憎み，授業をするのも嫌になる。そして，このような混乱に直面して，「やはり甘やかしてはダメなんだ」と，再度，力に訴えて（勝者型のコミュニケーションに戻って）秩序を回復しようとするのである。

2. 教師が置かれる状況——教師と子どもの人間関係の視点から

ゴードンが指摘する多様な「教師特有のコミュニケーション・スタイル」全体を概

観してみると，教師のコミュニケーションには，次のような特徴があるとまとめることができるだろう。

　その第一は，子どもが困っている場合でも，教師が困っている場合でも，あるいは両者が問題を困っている場合でも，一貫して「君がいけない」「君が間違っている」「君にはわかっていない」「君が変わるべきだ」といった，「あなたを責める」メッセージが子どもに与えられることである。第二の特徴は，「あなたメッセージ」という用語が適切に指摘するように，これらのメッセージのなかに，「あなた」だけが現れて「私」が消えるということである。第三の特徴は，「あなた」を主語にして「あなた」だけを責めるこれらのメッセージの裏に，それを通して，「私のほうが知っている」「私のほうがわかっている」「私のほうが正しい」「私がボスだ」「私の言うことに従うべきだ」と伝える暗黙のメッセージが隠れていることである。第四の特徴は，「〜しなければならない」「〜したほうがよい」「〜すべきである」「〜してもよい」という言葉で伝えられるような，「あるべき姿」という子どもに対する期待や規範が，教師のコミュニケーションのなかで圧倒的な量と力を占めることであろう。最初にあげた井上の言葉（たとえば「教師の目」「生徒の未熟さ」「教師の看板」等）をこれらの観点から味わい直してみると，その深い背景が見えてくるかもしれない。

　それでは，子どもに対する教師のこのようなコミュニケーションの特徴を，教師が置かれる立場，教師という役割という観点から考えたときに，どのようなことが見えてくるだろうか？

(1) 「あるべき姿」の呪縛

　「学校」という場で「教師」として「子ども」と出会うということは，社会が望ましいと考える一定の人間像（「あるべき姿」）に向かって子どもを方向づけるために作られた制度のなかで，この「方向づける」営みに直接携わるエージェントとして子どもと出会うことである。社会がもっている基本的な価値観や世界観，社会が生存のために必要としている知識や技術，社会が集団の秩序の維持のために必要としている基本的な考え方や行動様式等は，この「あるべき姿」を構成する基本要素であり，これらの価値観や世界観，知識や技術，考え方や行動様式を習得させることを通して，子どもたちを「あるべき姿」に近づけるトレーナーとしての役割を，教師は社会から委託されている。

　子どもと出会う場のもつこの基本的構造は，個々の教師と子どもの関係をさまざまなかたちで深く規定している。子どもに対する教師のコミュニケーションの主軸が「〜しなければならない」「〜したほうがよい」「〜すべきである」あるいは「それは

正しい」「それは間違っている」等の「規範」に関する言明や指示となりやすいこと，子どもとの関係のなかで「あるべき姿」という目標だけが前面に出てきて，目標から外れる行動ばかりする子どもの未熟さだけが目についていらだちが募りやすいこと，そして，その結果，教師と子どもの関係が，規範づくめの杓子定規なものになり，目標や規範から外れた行動をする子どもが抱いている戸惑いや痛みや悲しみや怒りが見えにくくなってしまうことなどは，この構造と深く関連して教師のなかに生まれるあり方と考えることができる。

(2) 「権威」という神話
　この「あるべき姿」への接近は，社会や大人が子どもに要請するものであり，決して子ども自身が望んだものでも，また，必ずしも子どもが好むものでもない。この「子ども自身が望んだものでも，必ずしも好むものでもない」という壁を乗り越えて，社会が要請する「あるべき姿」への接近を子どもに強制しうるためには，あるいは「あるべき姿」に向かって子どもを動かし引っ張っていくトレーナーとしての働きが可能になるには，通常，教師の側に，ある「地位」が必要であると信じられている。子どもが有無を言わずに従わざるをえないような「権力」，あるいは子どもがみずから従いたくなるような「権威」という地位である。子どもが怖がるような「力」をもっていなければ子どもは教師の言うことを聞くことはないだろう，あるいは，子どもにとって「尊敬できるような存在」でなければ子どもはついてこないだろうという信念といってもよい。

　この信念あるいは神話は，さまざまなかたちで教師のあり方に深い影響を与える。「あなたメッセージ」やその背後に潜む暗黙のメッセージは，「私が『是』であり，君は『非』である」という構図を教師－子ども関係のなかに作ろうとする教師の必死の試みと見ることもできる。そのようなメッセージを子どもがまともに受け取ったときに子どものなかに生み出される無能感や劣等感や罪責感は，それによって，子どもの大きさや地位や力を小さく低く弱くし，逆に教師のそれを大きく高く強くすることによって，教師と生徒の間に，ある明確な力関係の傾斜を築く試みの反映と見ることもできる。

　教師という役割を担って子どもと出会うということのなかには，その役割を担った大人を，いつのまにか，堅苦しい，いびつなあり方に追い込んでいく，強烈な魔力が潜んでいる。

14 学級集団づくり

1. 生活の場・成長の場である学級

　小学校から高校まで，子どもは，長い時間を学級で過ごし，いくつもの学級を経験する。家庭と同様に学級は，子どもにとって一日の長い時間を過ごす生活の場である。もちろん学級は，教科を中心とする学習の場だが，同時に子どもたちは学級内で，教科学習以外のさまざまな学びを体験する。隣の席になった子にどう話しかけよう。あの子はちょっと気になる。あの子は苦手。学級内の他の子との交流から，人間関係の諸相を学んでいく。

　さらに，子どもたちどうしの関係だけでなく，担任の先生を中心とした大人との交流も，子どもたちが学級で経験する大きなことがらである。親が絶対の存在であった幼児期を卒業し，小学校に入学することで子どもたちは，担任の先生という新しい対象に出会う。担任のもつ雰囲気や価値観は，必ずしも親のそれと一致しない。子どもによっては，親と教師の違いにとまどったり，親に甘えるように教師にも甘えようとして不適切な行動をとったり，高学年であれば，親や家庭のもつ価値観や文化と，教師の価値観・文化との相違に反発する場合もある。担任教師とは，親とは異なるつきあい方が求められる。教師と親とを比較して自分の親を客観的に見るようになったり，また，親から吸収できないものを教師から吸収する。教師との交流も，子どもたちが学級で体験する大きなことがらなのである。

　このように学級は，教科学習の場であると同時に，他の子どもたちや教師との交流を通して，人間関係を学び自己を成長させていく成長の場・生活の場という側面がある。

2. 学級の個性——学級風土と教師のリーダーシップ

　ここで，いままでに自分の経験した学級を思い出してほしい。いつも楽しい雰囲気があり，行事でもよい成績を残した学級。なぜか担任と生徒たちとがうまくいかず衝

突が多かった学級。個性的な級友一人ひとりが思い出に残る学級。さまざまな学級の個性が思い浮かぶだろう。

このような，学級の集団としての個性を「学級風土」という。教師の働きかけや子どもたちの個性などを背景に，学級には集団としての個性が培われ，ひいてはそれが，ひるがえって子どもたちや教師に影響を与えることが知られている。

たとえば，レヴィンら(Lewin et al., 1939)は次のような実験から，教師のリーダーシップが子どもの行動を左右することを示した。10歳の男児5名ずつを4つの課外活動グループに分け，「独裁的」「民主的」「放任」という3種の成人リーダーを，各グループに6週間ずつ交替で派遣した。「独裁的」なリーダーは何ごともリーダーが決定し，「民主的」なリーダーは子どもたちの話し合いによる決定を援助し，「放任」のリーダーは何の決定もしなかった。こうしたまったく異なるリーダーシップの結果，各グループはリーダーが交替するたびに異なる行動パターンを見せ，特に「独裁的」なリーダーのもとでは，攻撃的な行動や無気力な行動が増加した。また，ほとんどの少年が面接で，「独裁的」より「民主的」リーダーに好意を示した。この結果を学級に照らせば，教師のリーダーシップいかんで，子どもたちの行動パターンが変化し，異なる雰囲気の学級が形成されると考えられる。

教師のリーダーシップで学級の性質が変化することは，PM理論による教師のリーダーシップ研究でも明らかにされている。三隅（1966）は，リーダーの機能をP機能と，M機能に整理した。P機能とは，目標達成機能（Performance function）のことで，学習や運動などでよい成績を上げるように子どもを方向づける働きかけであり，M機能とは，集団維持機能（Maintenance function）のことで，構成員がその集団に魅力や所属感を感じるように配慮があることである。吉崎（1978）はこのPM理論をもとに，いずれかの機能あるいは両者ともが強いか弱いかによって，教師のリーダーシップを4類型に分類し，小学5，6年生を対象に，教師のリーダーシップと学級構造の関連について検討した。その結果，P機能が強い教師すなわち，目標達成や課題解決へ向けて子どもの学習を促進するなどの働きが強い教師のもとでは，集中化構造の学級が生じ，特定の少数の子どもが力をもち，多くの子どもは周辺的な存在という特徴が学級集団に見られた。反対に，P機能が弱い場合には，強大な力をもつ子どもがおらず，勢力が多くの子どもたちの間に分散した分散化構造の学級が多かった。この結果について吉崎（1978）は，教師のP機能が強く課題達成が強調されることで，「できる子」すなわち課題達成に向けた資源を多くもつ子どもが注目され，そうした少数の子どもが力をもつようになるのではないかと考察している。また，M機能の高い学級では，低い学級より学級連帯性が高いことが示された。実際には，子どもの間

の微妙な関係や，反発も含んだ教師への複雑な反応など，多様な要因がこうした学級特徴を形成するのだろう。しかしいずれにせよ，教師の行動が，しばしば教師の意図を超えて，直接間接に子どもの集団に影響を及ぼし，多様な学級風土を形成する要因となることがわかる。

3．学級風土とその影響

　学級風土が子どもに与える影響については，主に欧米で，学級風土を多面的にとらえる質問紙によって検討されてきた（伊藤・松井，1998）。その代表的なものであるモースらの質問紙（Moos, 1979）では，学級風土について9尺度各10項目に，学級の子どもたちが正誤で回答する。尺度とその項目の例を以下に具体的にあげる。たとえば，学級の諸活動に生徒の注意と興味の向く程度を示した「関与」尺度（項目としては，「このクラスのみんなは，クラスの活動に一生懸命取り組んでいる」など）。教師の子どもへの親和と援助に関する「教師の支援」尺度（項目例「先生は偉い人というよりも友だちのような人だ」）。課題への取り組みや計画された活動遂行の程度を計る「課題志向性」尺度（項目例「授業はおおむね計画通り進み，脱線したりすることはない」）。授業の工夫と新しい試みへの柔軟性を計る「新しい工夫の受容」尺度（項目例「生徒がいつもと違うアイディアを試みるのを，先生は歓迎している」）などである。

　チェンは，小学6年生を対象に学級風土質問紙調査を実施し，学級風土と教師の指導法，子どもの情意との関連について検討している（Cheng, 1994）。自己概念，友だち，教師，学校への態度，学習への自信からなる情意尺度を用いて，それらの得点の高い「効果的（effective）」な学級とそうでない学級との比較をしたところ，効果的学級では，学級担任が子どもたちの面倒をよく見，指導方法に注意を払い，強制や罰は使われていなかった。また，秩序があり規則が明確で，子どもたちの関係が親和的，子どもの学級への関与や教師の子どもへのサポートが多いなど，良好な学級風土が形成されていた。

　こうした学級風土の影響は，中学・高校生でも検討されている。たとえば中学生では，教師のサポートが多く，授業への工夫や新しい試みに対して教師が柔軟であり，規則もわかりやすく，生徒たちの学級への関与や協力体制が良好な学級で，生徒の教師への満足と学級への満足が高かった（Nelson, 1984）。教師の統制が厳しく競争が激しい雰囲気とは対照的な風土で，生徒の満足感が高いことがわかる。同様に高校生でも，教師の統制や競争の激しい学級で，欠席率が高かった（Moos & Moos, 1978）。

以上のように，教師側の配慮や指導上の工夫が整い，学級全体として，活動に円滑に取り組めるなど，学級組織が良好に機能している場合に，子どもたちの学校への意欲や満足感が高まる傾向が読みとれる。さらに，幼稚園から高校生までを対象にした多くの研究を分析した結果では，意欲のみならず学習成果にも，学級風土の影響が見られた。すなわち，子どもの満足感や友人関係が良好で民主的な学級で，より多くの学習成果があり，子どもたちの関係が悪く，学級に対して子どもたちが無力感を感じているような学級では，学習成果も芳しくなかった（Haertel et al., 1981）。

　自立心旺盛で生徒どうしのヨコの関係が重要になる中学・高校生に比べ，小学生では，教師の適切なリードをより多く必要とする。教科担任制の中学・高校に比べ，小学校では担任教師と過ごす時間も長時間である。その意味では，教師の側が，より好適な学級風土をどう用意できるか，教師側の配慮と指導の工夫が，小学校では特に重要な課題になろう。

　また，教師側が良好な学級風土だと思っていても，子どもにとっても同じとは限らない。学級風土質問紙を用いた研究では，教師の学級認知と子どものそれとが不一致であり（Humphrey, 1984），教師の学級風土認知と子どもの学級風土認知に，ほとんど一致が見られないという研究結果（Toro et al., 1985）もある。小学校では，「学級王国」の語のように，担任が一国一城の主となり，他者の目に学級内の実状がふれにくく，他者からの批判によって自らの指導を客観的に振り返る機会が少なくなる危険もある。子どもたちにとってどんな学級が形成されているのか。子どもたちの言葉に耳を傾けたり，授業参観や父母からの情報などを利用して，積極的に他の教師や父母からの助言を得るなど，学級の実状をつねに客観的かつ率直にとらえる工夫が教師には求められるだろう。その点で，学級風土質問紙（伊藤，1999）を利用して，子どもたちの目からみた学級風土を把握する試みなども有効な工夫だろう。

　学級を問うことは，自らの指導が直接間接に問われるため，教師に強い抵抗感をもたらす場合も多い。しかし，良好でない学級風土は，子どもたちに悪影響を及ぼすだけでなく，教師の燃え尽きなどとも関連する（Byrne, 1994）。学級が機能しなければ教師自身が傷つき悩むのである。子どものためにも，また教師自身のためにも，より良好な学級づくりに向けて，客観的で開かれた態度や工夫が重要であろう。

4．好ましい学級を作る――これからの学級指導に求められるもの

　それでは好ましい学級を作るために，どのような方法があるだろうか。
　前節で思い出した各自の学級経験を，もう一度思い浮かべてほしい。どことなく楽

しかった学級は，どこからその楽しさが生じていたのであろうか。教師との衝突が多かった学級は，なぜ衝突が起きたのだろうか。「教師が，生徒の気持ちを無視して独善的だったから」「我慢強い人が少なく，わがままな人が多かった」「楽しい雰囲気の人がクラスに大勢いた」「先生が楽しかったから」など，あなたなりの分析が可能だろう。こうした分析を整理すると，学級風土は教師側の要因とともに，どのような性質の子どもが多いか，どの子どもが学級の中心人物かなど，子ども側の要因にも左右されることがわかる。たとえば，同一教師の子どもに対する認知や行動が，異なる学級風土のもとで変化するかどうかを検討したところ，同一教師であっても，どういった子どもが多いかによって，異なった振る舞いをし，異なった評価基準で子どもをとらえていた（渡邉，1994）。このことは，教師も子ども集団の個性によって影響され，意識的・無意識的に，子ども集団の個性に即応した行動をとろうすることを示唆する。

　当然のことだが，子どもたちの個性を無視して教師のペースを押しつけても，学級活動はうまく展開しない。まず子どもたちの個性を的確にとらえて，教師側の意図と子どもたちの個性との接点を，うまく見いだすことが大切である。そのためには，まず子どもたち一人ひとりの個性をきめ細かく把握し，子どもたち各人との間に良好な関係を築くことが欠かせない。学級集団を形成しているのは，あくまで子どもたち一人ひとりである。集団を動かすことを焦るあまり，個々の子どもへの視点が見落とされては，教師の気持ちは子どもたちに通じず，指導が空転する危険もある。また，学級の中心人物である目立つ子どもによって，学級の雰囲気が強く規定される場合も珍しくない。そうした場合でも，教師が学級を左右するキーパーソンの子ども一人ひとりと，地道に関係を作っていくことで，学級の崩壊などを防ぎ，良好な教師－子ども関係に支えられた好ましい学級づくりが可能だろう。不登校や学級崩壊を持ち出すまでもなく，子どもたちの行動や規範意識は，大人の想像を超えて多様な表現をとるようになってきている。だからこそ，行動の多様さの背景にある個々の子どもの気持ちを理解し，子どもたち一人ひとりとの関係をしっかりと築き，個別的な関係に基礎を置く学級集団指導を行うことが，今後は一層求められるのではなかろうか。

　カウンセリングの大家ロジャーズ（1969）は，人の成長や変容を促進する教育的な風土として，子ども自身が自分の目標や欲求，気持ちやアイデアを自由に探索できる「自由な風土」が必要と考え，その成立条件として次の3条件を指摘した。すなわち①教師自身が自分を否認することなく，自分自身であること，②教師が子どもを大切にし信頼すること，③子どもの視点や子どもの立場・文脈に立って子どもたちを理解すること，である。現実の学級を考えれば，こうした理想の実現には相応の困難があろう。学級には，異なる興味関心や，しつけや育ち方など異なる家庭的文化的な背景

をもつ子どもが数十人と集まる。その子どもたち各人が自由に自己探求できる風土を作るのは，とうてい困難と思えるかもしれない。

　しかし，本章でみた学級風土の子どもたちへの影響を考えれば，教師の側でできる工夫も少なくない。レヴィンらの実験では，独裁的な指導者のもとで子どもたちの攻撃性が刺激されることが示唆された（Lewin et al., 1939）。たとえばいじめを防止するためには，教師がすべてを決定する独裁的な指導を避け，少しでも学級での決定を民主的なものにする工夫が考えられる。また，学級の人間関係を促進する指導上の工夫も提唱されている。たとえば，協同学習の一つであるジグソー学習では，各人が班の代表として個別の単元を学習した後に，各単元の学習内容を班に持ち寄って教えあう。良質な相互依存を高めることで，子どもどうしの好意感情が高まり，協力的な学級風土が形成され，子どもの自信や学業成績が高まるなど種々の効果が得られている（蘭，1992）。また，構成的グループ・エンカウンター（岡田，1996）では，あいさつゲームなど児童相互の交流や自他への気づきなどを促進するグループ活動によって，良好な学級づくりを提案している。さらに，父母が参加できる学校行事の新設から始め，校庭や図書室などでの活動への参加や父母の手による行事計画など，父母の学校参加を徐々に高めるプログラムによって学級風土を改善した例もある（Haynes et al., 1989）。

　モース（Moos, 1979）は，学級風土質問紙の9つの尺度領域の一つに，Innovationすなわち変革という領域を設け，授業の工夫や，児童からの新しい提案など新しさへの教師の柔軟性を，学級風土指標の一つとした。また近年の企業でのリーダーシップ研究でも，リーダーの要素として新しい変革に開かれているかどうかという点が注目されている（金井，1991）。教師から子どもへ，上から下への知識伝達型の教育から，子ども自身が考え学ぶことのできる教育へと，教育に求められるものが変化しつつある現在，教師自身の創意工夫やまさに変化に開かれた柔軟な姿勢が，これからの学級指導・学級づくりには欠かせないだろう。

　学級風土に留意し，子どもが感じている風土を的確に把握し，上記のような創意工夫と配慮を行うことで，少しでも良好な学級風土を作ることができるのではないか。以上，学級集団の個性とその影響，良好な学級づくりの方法を概観した。生徒一人ひとりとの関係を重視した，創意工夫ある学級経営が，これからの学級づくりには求められている。

15 学校内での支援体制

　近年不登校は増加の一途をたどり，学級集団における荒れや突発的に起こる粗暴な行動など，教師にも予測のつきにくい問題行動が目立つようになってきた。文部省（1998）は，こうした問題行動への対応のためには，小学校段階から学校として生徒指導に組織的に取り組むための体制を整えるよう通知している。子どもたちの示す問題行動は児童の成長・発達における危機の現れ（詳しくは9「甘えと独立のはざまで」参照）と考えられ，子どもが他者からの関わりを得て成長することにより，結果的に問題も改善に向かう。学校内における支援体制は，子どもたちへの理解を深め幅広い支援を提供するネットワークである。そこでは学校コミュニティを形成する教職員や子どもたちの有機的な「関係」（近藤，1994）が鍵になり，支援体制が効果的に進められる。現実的には教師たちは組織内にある分掌を基盤にして，おのおの責任感とプライドをもってその活動を行っている。校内の連携が単なる役割分担に終わらずに，一人ひとりの教師の力を生かしあう関係として機能することにより，子どもたちの危機の現れを成長へのきっかけにしていく支援体制となるだろう。

1. 問題行動を例にとった支援の一般的傾向

(1) 児童個人の問題行動として現れる場合——不登校

　不登校児童の発症には，登校しぶりや風邪の後に続く欠席などで気づく。担任が保護者との連携を密にとってみると初めて，保護者から児童の登校をしぶる状況を聞くことが多い。その情報に接して，担任は学級で過ごしていたその児童の様子や交わした言葉などが思い起こされ，児童の内面に気づかなかったり，または気づいていても十分に対応しきれなかったことに胸を痛めることも多い。そのとき思いきって学年会などで自分なりの取り組みも含めて報告し，共に考えてもらうよう投げかけられないだろうか。心の負担が軽くなり，いろいろな角度から問題の状況や児童との関係を考えやすくなるだろう。なかには腹痛や頭痛などの身体症状が強く，保健室でなら時間を過ごせる児童もいる。他の子どもたちと同じように行動できないという問題だけを

とりあげるのでなく，やっとの思いで学校まで足を運んできている児童の心情にも目を向けて，教師や子どもたちとの関係のなかで支えながら生活できるよう考えていきたい。保健室登校を進めるときには，次のような観点への配慮がほしい。

①児童自身の「保健室なら登校できる」という気持ちから始められると無理がない。

②担任，教頭，養護教諭など直接に関わりのある教師との話しあいがまず必要だが，全校の教師で児童理解を深め，その児童にとっての保健室登校の意味を考えておくと支援体制を進めていく基盤になる。

③児童は自分の気持ちや考えを周囲に十分表現できていないことが多い。養護教諭との自然な会話のなかで，少しでも自分の言葉で語れると，それだけでもだいぶ楽になる。言葉で内面の感情を表現できるようになると，子ども自身でも自分の問題に自分で向きあい考える力が出てくる。それを養護教諭が支えていくことを期待したい。

④保護者とも連絡を密に取りながら，家庭での児童の様子を知り，保護者とともに児童の自立を考えていく。保護者や家族に葛藤や不安が強く見られる場合や，学校での対応だけでは児童が回復しそうにないときには，専門機関の力も借りていくことを提案する。

⑤徐々に学級の他の子どもたちとも顔を合わせるよう図ったり，児童が落ちついてきて外に関心が向くようになったら，他の教師たちとの連携も積極的に進めて，児童が受け入れられそうな過ごし方を工夫する。友だちと一緒に給食を食べたり，抵抗感のなさそうな課題を与えたりしてみる。児童が保健室から出て図書室や職員室などで過ごすのを支え，足の向く時間に教室に行けるようきっかけを作るなどして，教室への復帰を手伝う。

(2) 集団の問題として現れる場合――学級の荒れ

いわゆる学級崩壊では，集団のなかに担任の指導に従いにくい児童がいて，それに他の子どもたちも同調し，学級全体が落ち着きのない状態に陥る場合が多い。中心になる児童は性格傾向や学習上の課題，家族との関係などが影響していたり，情緒的，発達的，器質的な障害などがあったりして落ち着かなかい場合もある。支援体制としては，この学級を抱える担任が誰かに気持ちを話せることがまず大きな支えになる。よく話を聴き担任の意向も尊重しながら，学級の実態を把握して，荒れた学級集団そのものへの支援や個別の児童への支援も行えるとよい。

学級担任の最も身近にいる学年の教師たちによる，次のような支援体制も考えられる。①学年間で教科担任制をとり，教科によって学級を交換して授業を行う。②教科指導や学年の活動などで，合同で指導を行う。③学年会などを中心に，学級の児童や

学級経営について教師間で話をしあい，聴き，考えあう。

　このような実践を行うと，担任以外の教師にとっては自分も直接児童と関わりをもつことになり，他人ごとで話に加わるのではない話しあいが展開できる。複数の教師の多様な関わりを受けて，児童の反応も場面や相手，状況によって異なるのが見られるだろう。また，別の教師が指導していったんはうまくいっても，継続していくうちに次第に担任との関係で見られるのと同じような状態になってしまうこともあり，担任の苦労に共感できるようになる。周囲の教師たちの共感的な理解があると，担任は安心して心を開いて自分と子どもたちの関係を振り返ることもできるので，それが学級経営の落ち着きにもつながる。これらは，学年全体の児童を学年の教師全員で支援するという姿勢に通じるが，教師たちにとっても，子どもたちのいろいろな側面を見て教師の子どもたちに対する関係のあり方を考えさせられる場面にもなり，教師集団の成長にもつながる。さらに，全校の組織で支援体制をとると活用できる資源が広がり，支援への選択肢も多くなる。教育相談係や校内の委員会との連携により学校行事を活用したり，ティーム・ティーチング（複数の教師による指導）による支援なども考えられるだろう。

2. 学級担任が一人で取り組むことによる問題

　学級担任制の利点は，学級経営の要である学習指導や生活指導などの教育活動を担任が中心になって行い，児童を支えて成長の促進を図るところにある。しかし，目の前の子どもたちへの思いに一途になりすぎると，次のような危険性も生じてくる。

　①担任自身の考えだけで学級経営を押し進めていくことになり，その価値観に合わない子どもたちの表現が知らず知らず受け入れにくくなる。その結果，教師の思いと子どもの気持ちにすれ違いが生じてくる。

　②担任は，自分のやり方をもっと徹底することによってそのすれ違いをうめようとするが，子どもたちはそれに対抗してさらに自分の気持ちを主張しようとする。双方の関係は硬直化して悪循環が断ち切れなくなり，担任がいらだち焦ると，それが他の子どもたちとの関係にも反映する。担任に心から受け止められなくなった子どもたちは，落ち着かない児童に同調して，他に楽しみを見いだすなど学級全体が騒然とする。

　③収拾しきれなくなった事態に，学校内における教師どうしの評価も気になりだし，担任は教師間の関係において被害的になり，ますます自分の殻に閉じこもり動きがとれなくなる。他の教師たちは気になりながらも，担任から何も話がないと支援を申し出にくい。担任は，児童との関係におけるストレスなどをため込んでいくことになり，

どんどん大きく膨らむ課題を一人で逃げ場がない気持ちで背負い込み、他からの助言も心を開いて受け止めにくくなる。
　④担任は自分の指導力への自信を失い、子どもたちの集団が受け入れられなくなり、心理的に落ち込んだりうつ状態になったりする。

3．校内の支援体制に向けた考え方と工夫

(1)　学級担任の意向の尊重
　学校生活において児童の身近にいて児童の成長を最も支えているのは学級担任である。担任が一人で抱え込みすぎてはいけないが、担任がもっている力を十分発揮して指導が行えるよう支援体制を組むことが基本である。その際は、学級担任の意向や気持ちを尊重したい。教師にはそれぞれが抱えてきた経験や思いがあり、それが学級経営や一人ひとりの児童の指導にも反映している。担任の話を十分聴いたり、具体的な手助けを申し出たりすることが、何よりも担任の心を支えることにつながる。また、その学級の子どもたちの好ましい姿を見かけたときには担任にそれを伝えていくと、担任は力づけられる。

(2)　支援体制に向けて、学級担任として心掛けたいこと
　支援を始めるにあたっては、担任は自分が把握できている問題の状況や児童についての担任自身のとらえ方を、協力してくれる教師に伝えていくことが支援への方針を立てやすくする。担任自身とその児童とのふだんの人間関係の様子や、児童の性格や行動の特徴、学習における状況、学級集団における周囲の児童との関係、あわせて学級経営の方針なども伝えたい。他学年および全校にも支援を協力依頼する場合は、学年としての意向も伝えるとわかりやすい。

(3)　支援協力体制の確立
①情報収集と共通理解　全校職員が集まる生徒指導朝会などでは、用務、専科の教師や司書、栄養担当スタッフも含めて広い視野から情報収集できて、職員間の共通理解を行いやすい。不登校傾向児童を保護者が送ってきたときに校門やくつ箱の付近で見られた様子を用務主事から聞くなど、担任の知らない児童の姿も聞くことができる。校長室に全校の遠足の写真などをはって、教師たちが児童の名前を覚えたり、話し合いを行う前に皆でその児童を一定期間観察することを申し合わせたり、情報収集を効果的に行う用紙を用意したり、ほんの少しの工夫で、配慮を要する児童の状況につい

て報告だけに終わることなく，共通理解が効果的に進む。話し合いを重ねるだけでも，教師たちにとってその児童が身近になり，校内での様子を気をつけて見ようとする気持ちが働く。

また，児童の指導をめぐる教師間の考え方の不一致についても話し合いを重ねていくことが必要である。たとえば，児童が教室から出ないことを重視する教師と，校内の別の場所にいても衝動的な行為を起こさせないことを重視する教師の指導方針のずれなどは，児童の状態への理解を深めながら，教師間でよく話し合いをしておく必要がある。

❷児童理解と問題の見立て　児童の問題の原因を担任の指導や家族の問題などに帰しているだけでは，真の意味で支援を考えることはできない。たとえば，同じように「反抗的な児童」といえる子どもたちであっても，児童理解や問題の見立ては一例一例異なる。それぞれの児童が，反抗を通して本当は何が言いたいのだろうか，その児童の反抗にはどのような意味があるのだろうかなどを考えてみると，支援体制を考えるうえでのヒントが得られるだろう。いずれにしても，支援にあたっては，問題点を追求するばかりでなく，今学校で，教師として，何ができるのであろうかという姿勢をもち続けることが必要である。校内研修会や事例研究会で，スクールカウンセラーや外部から講師を招いて専門的な立場から助言を得られると，教師たちの共通理解も深まり，学校システムとして統合された支援体制が組みやすい。学校外の専門機関（詳しくは次章を参照）と連携すると，さらに継続的・治療的関わりとも照らし合わせて，学校で行う支援の内容や目標も明確になる。

4．支援の計画

(1) 支援の対象を考える

その状況のなかで，今誰がどんな関係をその児童や保護者と，または担任や学級集団ともつことが支援になるのだろうか考える。段階的な支援体制が必要となることが多い。

(2) 支援を受ける児童や保護者の感じ方の重視

教師が児童への支援への手がかりを得るために保護者に学校での児童の様子を伝えようとしても，保護者は責められていると感じることが多い。また，担任の熱心な語りかけも，不登校児童や保護者にとっては，早く登校してくるように迫られているように感じて，負担になり苦しむことも多い。支援される側が負担に感じると児童の成

長・変容が図れないばかりか，教師とその児童・保護者との人間関係も成立しない。支援を考える際には，支援を受ける側の立場に立ってその支援がどう感じられるか，そのタイミングはどうかなどを考慮することが重要である。児童や保護者が教師に心を開いて，自然な気持ちを素直に表現できるような関係を作ることが支援体制の第一歩である。

(3) 役割分担

　生徒指導に関連の深い校内の分掌を以下に示す。基本的な役割を念頭におきながら，まずは関わりのもてる教師たちが連携しあうのでもよい。その際も，理想的には数名以上の教師で連携していくことができると，組織のなかで根づきやすい。

①管理職　校内の支援体制の運営や対外的な連携への責任者が管理職である。学年や生徒指導部などへの報告や相談にあわせて，最終的な判断と責任をもっている管理職にも報告や相談をする。客観的な事態の報告，自分の指導の経過や意図，その時点における課題などの全体像を，できれば担任自身の気持ちをそえて伝えていく。

②生徒指導部　問題行動に関して全校の児童に関する情報の集積，発信の要となり，管理職との連携も通して危機対応や他校との関連などにも当たる。児童の生活のきまりの策定など指導の理念や基準を具現化していく役割ももち，校内の連携への機動力を担っている。生徒指導部へのすばやい連絡と全校の組織への共通理解や指導への協力依頼は，全校教職員との円滑な連携をもたらす。

③教育相談係　教師による校内における教育相談活動であるが，学校心理士など学校教育相談に関わる研修を受けた教師が担当している場合が多い。生徒指導部と連携しながら，問題行動の背景や内面的な理解もふまえた支援を行う。担任や保護者などへの個別の直接的な援助，教室から出てしまう児童への支援への調整，専門機関についての情報提供など，職員間の共通理解や危機介入などの支援体制を推進する機能がある。また，校内研修会，事例研究会などの年間計画の企画運営を支援するなど，校内の教育相談活動を推進する機能をもっている。

④養護教諭　養護教諭はヘルスカウンセリング（健康相談活動）を行うなかで，子どもたちの心身の不調の訴えの背後にひそむ心の問題の早期発見や対応が行える。保健室は，学校のなかで，「心の居場所」（文部省，1998）としての役割も重視されている。保健室登校への受け入れや児童が情緒的に不安定になった場合などの緊急避難の受け入れ，児童・保護者への個別面接，心身の健康に関する専門的な知識の提供や専門機関の紹介などが行われている学校も多い。山本（1999）は，保健室が管理社会から開放された空間と時間をもつ「あいまいな」場所であるゆえに，「あいまいな」子ども

が集まり学校内でのシェルターとしての機能を発揮すると述べているが，保健室は子どもも教師もふらっと立ち寄り，体の不調になぞらえて自然に弱音をはける唯一の場所としての意味も大きい。スクールカウンセラーとの連携では，身体面での訴えが前面に出ているときには養護教諭が対応を行い，内容によってはスクールカウンセラーにより専門的な対応を依頼し協議を深めるなどが行われる。

❺**スクールカウンセラー**　心の専門家として校内で唯一心理臨床の専門性をもっており，児童や保護者への面接，教師へのコンサルテーション，研修会への協力や情報提供等を行う。石隈（1995）は，コンサルテーションを「異なった専門性や役割をもつ者どうしが援助の対象である児童の状況について検討し，今後の援助のあり方について話し合う『作戦会議』である」としているが，心理臨床の専門性をもって教師の専門性と協働するスクールカウンセラーの行う活動はこれにあたる。校内という身近にいて気軽に相談できることや，児童の学級集団，学校全体の様子を視野に入れながら相談を進められることが利点である。小学校でのスクールカウンセラーの活動の特徴としては，初めての集団生活で不適応を示す児童への見立てが暗中模索の指導を行う教師に具体的な目標をもたらしたり，保護者への援助や研修会が，児童の変容に目に見える効果をもたらしたりすることなどがあげられる。

❻**その他**　校務分掌による連携だけでなく，たとえばその児童の前担任と連携すると，発達的な経過のなかでその児童の状態をとらえられる。また，校内に在籍するきょうだいの担任と連携すると，家族への理解が深まりより適切な支援を行うことができる。他には，たとえばその児童と共通の趣味をもつ教師が保健室登校している児童に話しかけたり，高学年の女子や母親への継続面接は女性の教諭が担当したりする自由さもあるとよい。

(4) 経過報告と支援体制への振り返り

支援の経過報告や評価を通して，その後の支援のあり方を工夫していく。今まで相性がよくないと思い込んでいた教師どうしが，役割分担上一人の児童の問題解決をめぐって連携し支援が成功した経験をすると，他の児童への支援においても意欲的になれる。このように教師間で得られた小さな経験が校内の支援協力体制を組むうえで財産になっていくと，教師たちが連携を楽しみながらさまざまな工夫を生み出していけるようになる。

5. どの子どもにも必要な支援体制

　学校では問題行動を示す児童だけでなく，どの子どもも教師からその存在を認められ支援が得られることを待っている。それぞれが教師から支援が得られるようになると，子どもどうしも互いに受け入れあえるようになり，集団そのものの支援の機能が高まる。学校がコミュニティとしての機能を発揮し，支援体制を効果的に行うために次のような観点から見直してみたい。

(1) 校内に，子どもたちも教師も自己表現が自由にできるのびのびした雰囲気があるか

　休み時間の学校はどこもにぎやかな声が響きわたっているが，教室の運営にも「何でも言える」，そして「互いに受け止めあえる」のびのびした明るい雰囲気があるだろうか。その基盤は職員室の雰囲気にもある。職員室が和気あいあいと話し声であふれ，特に，教師たちが互いに自分の関わった子どもたちの話を，自分の指導と関わりを含めて話せているだろうか。教師間で気楽にいろいろな見方を交わらせていると，教師どうしの人間関係が自由になる。それが校内全体の活気や温かさとなって現れ，子どもたちの校庭での遊び方にも自分も他も尊重する関係が生まれ，互いに支援しあえる関係の基盤が形成される。

(2) 児童理解や支援体制を考えあう全体での会議（機会）が定例化されているだろうか

　支援には定まった方法がなく，対象となる児童を受け止め，支援する側がその目標や関わり方，支援の意味などを見いだしていくことになる。支援は教師の思い通りに進むものではなく，児童と向かいあいながら支援を進めていくなかで，教師は自分自身にも向きあう過程が必然的にでてくる。教師も葛藤しながら自分自身の指導の理念や気持ちなどどのように児童に伝えていくか工夫をこらすところだが，状況に応じて柔軟な態度をとれることも重要である。学校コミュニティの支援体制が統合的に機能するためには事例研究会や校内研修会，生徒指導全体会などが有効だが，年間計画に位置づけると定例的に開ける。教師たちが互いに表現しあうことを重ねて，全体としてバランスのとれた支援を工夫できる機会になるとよい。中核になる担当者たちが日常的な支援の推進を心がけ，必要に応じて校内組織の改革などを職員会議になげかけることも学校を動かしていく力になる。

(3) 教師間の葛藤を乗り越えられるだろうか

　子どもの成長・変容はらせんを描いて進み時間がかかるものであり，いったん軌道にのった支援体制が暗礁に乗り上げることもまれではない。家族療法では，子どもの問題行動が両親の隠された葛藤をゆさぶり表面化させていることがよく見られるが，それと同様に，子どもたちの言動により，教師たちもその関係に隠された葛藤を表面化させられることもあるだろう。支援体制を組む教職員間のチームワークの乱れを教師間の非難にするのではなく，児童の「指導をめぐる論議」として深め，柔軟に，しかし前向きな姿勢で進めていきたい。教師どうしにコミュニケーションが成り立つと，新たな関係が肯定的に機能する。

(4) さまざまな種類の支援が行われているか

　問題行動の発生にともなう危機介入や継続的支援，また一方で日常からの予防的支援や成長促進的支援（近藤，1995）など，子どもの成長・変容を図る多様な支援を行う用意ができているだろうか。そのためには教職員の研修会や校内研究の充実などが計画されていることや，地域や校外の専門機関などとの連携が図られ，教師が幅広い視点から児童の教育を考えられるような配慮が重要であろう。

学校教育を支える心理専門家

スクールカウンセラー……公立小・中・高等学校へのスクールカウンセラーの導入は，1995年度文部省による「スクールカウンセラー活用調査研究委託」により始まった。その背景には不登校事例の著しい増加やいじめ問題による自殺生徒の多発などがあった。当初は1校に1名（年35週，週2回，1回4時間）が配置されたが，その後一部で「巡回」方式や「拠点校」方式などによる活用も行われている。1995年度は154校に配置されたが，5年間で予算および配置校数とも10倍以上に拡大した。児童・生徒へのカウンセリングや教職員に対するコンサルテーション，校内研修，保護者に対する助言・援助など活動は多岐にわたり，学校教育において教師の専門性と心理臨床の専門性の協働・協調による対応が始められた意味がある。現在は約9割が臨床心理士により行われている。なお，文部省のスクールカウンセラー事業開始後，全国的に各都道府県や区市単位による独自のスクールカウンセラー配置事業も急速に進んでいる。

学校心理士……日本教育心理学会が1995年度から，「学校心理士」の資格認定を開始した。学校教育と心理学を統合した学問体系である「学校心理学」が，その理論と実践の基盤にある。カウンセリング心理学が子どもを全人格的に見ようとするのに対して，学校心理学は子どもを一つの人格としてみると同時に「生徒」として見ようとする立場をとり，学習上の問題にも焦点をあてている。学校心理士の行う援助は，子どもの発達上のニーズに対応する一次的教育援助，問題の拡大への予防的な意味での二次的教育援助，個別に重大な援助が必要な子どもへの三次的教育援助の三段階に特徴づけられる。1998年度までに約650名が認定され，学校現場や大学，研究機関等で活躍している。

臨床心理士……文部省の認可する財団法人日本臨床心理士資格認定協会による「臨床心理士」としての認定業務は1990年に始まり，1998年度までに6,000人余の認定を行っている。「心の専門家」としての資格は，基本的には心理学の隣接諸科学を専攻する大学院を終了後，心理臨床経験を有していることが求められているが，専門性を高めるために臨床心理士の養成に係わる大学院指定制度が始まり，1998年度に初の院生を迎えた。臨床心理士はスクールカウンセラーをはじめとして，教育，医療，福祉，司法矯正，産業など多領域で心理臨床業務に従事している。学校への外部からの臨床心理士による支援としては，教育相談所，児童相談所，病院などの専門機関にいる心理専門家による教師への情報提供やコンサルテーションなどが行われている。

アメリカのスクールカウンセリング……20世紀初頭からの歴史をたどると，スクールカウンセラーの活動の焦点は，進路選択のガイダンス機能から心理的発達へ，また，危機的介入や治療的援助活動からすべての生徒の健康な発達の促進や予防に強調点をおくものへと変化してきており，現在では，カウンセリングとコンサルテーション，コーディネーションの機能を統合するプログラム実践の中核としての機能をめざしている。また，それに対して，スクールサイコロジストは，個人の発達面へのアセスメントや介入などを行ったり，カウンセラーによるプログラムなどの評価や研究を行ったりしている。学校地区に本拠地を置いて，スクールカウンセラーを支えたり，必要に応じて，学校に出向いたりしている。

16 外部の関連機関との連携

1.「一人で抱え込む」から「連携」へ——お互いの専門性を認めあう

　小学校の学級担任は保護者以外に個々の児童を全体的に把握することができる貴重な存在である。授業中の態度や理解力のみならず，休み時間の様子や係活動，掃除や給食時の様子，基本的な生活習慣の確立状況，放課後の過ごし方（家庭の状況，友だち関係，塾や学童保育のことなど）など，さまざまな面に目配りをすればそれに見合った情報を入手することが可能な立場にいる。そして気がついたときにその場で，そのつど直接関わることができるということは，小学校ならではの特権であろう。

　しかしこの特権は一人で抱え込む危険もはらんでいる。小学校では意識的に心がけない限り，学級を超えて児童の問題を複数の教師で共有することが難しい。また同僚に助けを求めることは教師としての力量のなさと見なされ，自分の恥をさらすかのような雰囲気が校内にあると，それが閉鎖性を生むことにもなる。

　たとえば昨今のように不登校児童がどの学級にもいて当たり前になる以前は，自分の学級に不登校児童が出たということは極秘事項であった。今でこそ文部省が「不登校はどの子にも起こりうる」との見解を示すに至ったので，「担任の問題」と見られることが少なくなってきたが，一昔前は不登校に限らず学級内で起きたことについては，同僚はもちろんのこと養護教諭，管理職など校内の人間に相談することは非常に勇気がいることで，まして外部の専門機関の活用などはそうとう厳しい目で見られる現実があったようである。

　1995年度に試験的に導入され，2001年から制度化されたスクールカウンセラー制度は，わが国の教育行政史上初めて教育職員免許証をもたない臨床心理士が学校に入ったと，当初は非常な警戒心をもって迎えられたという。しかしその働きは心理的なアプローチに限定されたため，教師の領分を侵す存在ではないことが浸透するにつれて，お互いの専門性を認めあう気運が生まれてきた。

　養護教諭との連携も含めて，これらはあくまで校内での異職種の連携にすぎないが，プラスアルファとして外部の専門機関を活用することが，以前よりも自由になってき

たように思われる。むしろ学級担任が一人で何もかも抱え込むよりも，より適切な人，適切な機関と協力することの利点が浸透しつつあるように思われる。

2. 連携とは

　教育委員会に属する教育相談室の場合，幼児から高校生までの子どもを対象としており，かつ同じ教育委員会が設置している機関という関係から学校との関係は格別で，それが特徴の一つである。というのは多くの相談室は1対1の個人面接が中心なので，集団場面での様子がわかりにくい。そのため学校での様子（授業中や休み時間の様子など）を知ったり，逆に1対1の関係での相談の効果が学校場面に波及することをもくろんで，担当者の往来が比較的容易に行われている。それがここでいう連携ではないかと思われるが，いったい連携とはどのようなことを指しているのであろうか。

　国語辞典によると，連携とは「目的を同じくする者同士が，連絡し協力しあって何かをすること」（『新明解国語辞典』三省堂）とある。「目的を同じくする者同士」とは，自分が担任をしているある児童が抱える問題を解決するために関与している者のことで，親をはじめとして担任，学年主任，養護教諭，管理職，時には事務職員や用務員などその児童に深く関わっている校内の人々や校外の専門機関の担当者，家族以外の身近な大人たち（学童クラブや塾の先生など）をいう。「連絡し協力しあって何かをすること」とは，お互いの専門性をふまえて知りえた情報を交換し，一人の児童の問題を総合的に（問題の原因の解明，行動の理解，今後の方針や見通しなど）検討しながら役割分担を明確にしつつ，それぞれが専門的に関わっていくことをいう。

3. 連携上の留意点

　このように連携は単なる情報交換以上のものを意味しており，それだけにいくつかの留意すべきことがあるが，ここでは校外の関連機関との連携を中心に考えていく。

(1) 連携を行う前に，保護者（あるいは来談者）の了解をとる

　学校と教育相談室が連携を前提に，情報交換をする前の作業として大事なことは，保護者（あるいは来談者）の了解をとることである。医療の世界ではインフォームドコンセントといわれる。これは教育の世界でも見習うべき習慣である。しかし拒否をされてしまうとその先の展開が望めなくなるので，承諾が得られるような説明を心がけなければならない。今この時期になぜ情報交換が必要なのか，なぜ複数の関係者が

協力しあうことが必要なのかを説明し，目的を同じくする者が情報を共有することの意義をあらかじめ伝えると，多くの場合保護者は了解する。

このことは保護者，担任，相談担当者など関係者の間に上下関係はなく，それぞれが独自な持ち場をもつ，対等な関係であることを確認することにもなり，連携を行ううえでの最も基本的な作業の一つである。

(2) 一方の必要だけから意図してもうまくいくとは限らない
——関係者の協力しようとする気持ちが大切

その際誰がイニシアチブをとるかが問題となるが，相談を受ける立場である保護者ということはほとんどないので，担任か相談室の担当者のどちらかのことが多い。しかし（相談室の人間として）連携を意図して担任に連絡をしたところ，期待に反して「担任の自分に一言のことわりもなく外部の機関に相談に行った」と立腹し，かえって面倒なことになってしまったことがある。これは相手が置かれている状況を知らずに，必要性だけから連携を意図してもうまくいくとは限らないことを示している。

自分が担任ならば，ことわりなく外部の機関に相談に行ったとしても，先方から連携の依頼があったら，快く同じ土俵に上れる担任でありたいと思うが，受け身（協力を依頼される）の立場では，多忙な日常にそれ以上の仕事を抱えたくない心情が先にたつのも無理からぬことである。それには働きかける側がつね日頃，時機を的確に把握する目を育てており，効率よく事を運ぶことも大切な専門性といえよう。

いずれにしても連携すること自体がたいへんなことだということを肝に銘じて，お互いに苦労を共にする気持ちになれることが肝心である。

(3) 必要以上の情報は求めない

教員と教育相談員，職種は異なっても同じ教育委員会の人間であるというだけで，親しみを感じるのは自然の成り行きである。この身内意識はときに自ら知りえた情報を不用意に相手に伝えたり，また逆に相手からも提供されることを当たり前とする危険をともなっている。担任であったら，学級の児童の一人ひとりについてすべての情報に精通していたいと思うのは当然かもしれない。ところが相談員は守秘義務から連携上必要なことだけを伝える。そこで両者の間がこじれてしまうことがよくある。伝える必要があるのはどのような情報かを見きわめて連携に臨むことが肝心で，情報の交換は目的を同じくする者としての共通理解に必要な範囲にとどめるべきである。

ある公立の相談室では，（相談の）申し込みの段階で担任の関与が明らかな場合（担任が相談室を紹介した場合など）は，あらかじめ学校での様子を記入する用紙

（学校記入用紙）を家庭に送付して，初回来談時までに保護者から担任に記入を依頼することを求めるシステムができている。担任の関与が不明であったり内緒である場合は，比較的早い時期に話し合いをすることが多かった。それは来るべき連携を念頭において，担任と保護者の関係がどんな状況にあるかを知っておく必要からであり，また記入用紙は不必要な情報，過剰な情報を慎む歯止めの役割を果たしているようだった。

(4) 上下関係をもち込まない

　繰り返し述べているように連携とは，それぞれの持ち場にある関係者が協力しあうことである。教師には教師の専門性，親には親にしかできない子どもとの関わり，相談室には相談室が果たす役割があって，お互いにそれぞれの持ち場を踏み越えることはできない。そこに連携の必要が生じてくるわけであるが，現実にはそれまでにできあがっている担任と保護者の人間関係や学校と教育相談室の関係が，新しく組織された協力体制に入り込み，無視することができないほど大きい影響を及ぼすことがある。何ごとにも自分が中心でないと不快に感じたり，依存的であったりすると連携はむずかしく，「対等に協力する」ということは口で言うほど容易なことではない。

　親の依存性はどちらかというと相談担当者に向けられることが多く，自分が言いにくいことを担当者に言ってもらおうとするなどの動きとなって現れる。このような場合，担当者としてはすぐに応じてしまわずに，子どもにとって替わることができないのは親だけであることを伝え，親自身が主体的に動くようになるのを支えるのである。その一方で親が努力していることを子どもや担任にわかってもらうことも大切である。

(5) 関係者が一堂に会する場を作る

　問題行動を示す児童が学級に一人いると，担任はたいへんである。その子への個別指導と並行して他の多勢の児童の指導があるわけで，休み時間も放課後も休まる暇がない。校内で十分な協力体制が整っている学校であるならば，管理職も日頃の担任の苦労を知る手だてを把握していようが，そのような体制がない学校の場合，自分が呼びかけ人となって，外部の関連機関の担当者を交えた事例検討会のようなものを校内で計画するのも一案である。そして同学年の担任や学年主任，教育相談係，養護教諭，教頭，校長など校内の関係者に出席を求め，共通理解を図るのである。校内外の関係者が一堂に会することの意味は大きく，それが契機となって校内での理解が得られたとか，外部機関との連携がしやすくなったという報告を聞いたことがある。その場合案内を出した相手の参加を義務づけたりすることは避け，参加を呼びかけるだけにと

どめておきたい。参加不参加は相手の関心度のバロメーターにすぎず，無理強いは自分自身を動きにくくするだけである。

4．外部の関連機関

　最後に小学校段階の児童の相談機関としてどのようなものがあるかを一覧にする。各機関がどのような相談を中心に行っているか，その特徴を把握して活用することが望ましいので対象と主な内容を簡単に記すが，ほとんどが公立の機関なので「くらしの手帳」なり，官公庁の案内などで連絡先を調べていただきたい。なお公立の場合，相談料は医療機関を除いてほとんどが無料である。

①教育センター教育相談室（教育相談所，教育研究所など）　教育委員会が設置している相談機関で，スタッフは教職経験者と心理職である。対象は4〜18歳までの子どもおよび親，子どもが所属している学校の教職員で，主な内容は，性格行動，精神身体，学業，心身障害，進路などの諸問題である。

②児童相談所など福祉関係の機関（児童福祉施設，心身障害センターなど）　児童相談所は児童福祉法にもとづいて設置されている機関で，スタッフは児童福祉士，心理判定員，児童相談員，児童指導員，保母，医師である。対象は0〜18歳未満の児童（児童福祉法に定める児童）である。主な内容は，養育に欠ける児童の「養育相談」，未熟児・虚弱児・小児喘息など疾患を有する児童の「保健相談」，肢体不自由・重症心身障害・視覚障害・聴覚障害など障害を有する児童の「心身障害相談」，非行相談（教護相談および触法相談）・不登校・しつけ・職業適性・性格行動などの「育成相談」などであり，児童に関するあらゆることを対象としている。

③警察署，少年センター，ヤングテレホンなど　警視庁管轄の相談機関で，対象は子どもに限らないが，子どもに関しては防犯部少年第一課が担当している。スタッフは警察官と心理職である。主な内容に，街頭補導や少年相談など，非行関係の相談が含まれるのが特徴である。

④家庭裁判所，少年鑑別所，少年院，保護観察所など司法・矯正関係の機関　法務省の管轄機関で，少年法にもとづいて触法少年や犯罪少年を対象としている。これらは教師が積極的に利用する機関というよりも，担任している児童の非行に関して，先方から事情聴取されるというかたちで連携を求められることが多い。

⑤病院，保健所，療育医療センター，精神保健福祉センターなど医療・療育機関　国立から民営まで各種さまざまな機関がある。病気や障害のある子どもから成人まであらゆる年齢層を対象としている。スタッフは医師の他，看護士，検査技師，臨床心理

士，機能訓練士などさまざまなコメディカルスタッフがいる。

　保健所による乳幼児健康診査が定着してから，子どもの病気や障害が生後の早い時期に発見されるようになり，早期の治療や訓練が可能となった。そのため乳幼児期より病気や障害の種類や程度に応じて，さまざまな機関が関与している児童が入学してくることがある。普通学級といえどもこれらの児童の担任となることがあるので，そうした場合はあらかじめどのような障害がある児童で，どのような治療や療育活動が継続されてきたのか，知識としてもって臨むことが必要である。

⑥**その他**　以上の他に，個人開業のクリニック（有料）から行政が開設している公的機関（子どもの精神保健相談室や心身障害者福祉センター，青少年センター，国立青少年総合センター，総務庁青少年対策本部など），行政が民間に運営を委託している社会福祉協議会などさまざまな関連機関がある。また街には民生委員や児童委員，家庭相談員，保護司，青少年委員，B.B.S.（非行少年の更生などに兄や姉のような立場で関わる若い人材組織）会員など行政機関が民間の有志に委嘱している身近な委員などもおり，思わぬときに力になってもらえることがあるので，属人的ではあるが社会資源としてその存在を頭の隅に入れておくと何かの役に立つかもしれない。

警察，児童相談所，少年鑑別所，家庭裁判所，少年院の位置と役割……児童・生徒が万引きや窃盗・シンナーの吸引・暴走などいわゆる犯罪を犯した場合，そのほとんどは警察によって発見される。彼らを非行少年ということでくくって，その処遇の流れを簡単に示すと以下のようである。

　非行少年の取り扱いで最も特徴的なことは，「すべての非行少年は家庭裁判所に送られる」ことである。これを「家庭裁判所に送致される」というが，そこで調査官と呼ばれる専門職に事件の調査が命じられる。調査官はその非行の原因・動機について調査し，継続的な指導措置や収容措置の必要性および更生に有効な社会資源や少年自身の内的資源などを評価する。その結果をふまえて裁判官が審理を行い，少年の処遇を決定するのである。その過程でさらに詳しい少年の資質の鑑別が必要な場合は，観護措置を決定して一定期間（最大4週間，平均3週間），少年の身柄を少年鑑別所に拘束し，医学・心理学・教育学・社会学などさまざまな見地から心身の鑑別を専門的に行う。

　裁判官が選択する措置は，事案がきわめて軽微か調査の段階でとられた措置によって非行性が除去されたと認められる場合，もしくは審理の結果，送致事実が認められないと判断した場合の審判不開始または不処分の他，児童福祉法の措置に委ねたほうが適当と思われる場合の児童相談所長送致，通常の刑事手続きで少年刑を課すことが適当と思われる場合の検察官送致，社会内で更正を図る保護観察，児童自立支援施設または児童養護施設に収容しての指導が必要とされる場合の児童自立支援施設送致，少年院に収容して矯正教育を行う少年院送致，および決定を一時留保して家庭裁判所調査官が指導を試み，その成果を見て処分を決める試験観察などがある。

17 発達を保証する補償・治療教育

1. 児童期における心身の障害と教育

　児童期までに生じる心身の障害に対するはたらきかけは，2つの意味でその他の時期に生じるものとは異なった配慮を必要としている。まず，第一に，人間としてのさまざまな能力の獲得過程で起こった障害であるから，その影響は生涯にわたり，広範な影響を及ぼす可能性が高いと言える。第二に，心身の発達途上であるこの時期の人間は可塑性に富み，障害を補償し，環境に適応する能力の発達が著しい時期でもあるということである。したがって学校教育の場においてもこの点に十分配慮して適切な教育的働きかけが行われていかなければならない。

　心身の発達に障害を持つ子どもに対する教育サービスは，明治以降の学校教育制度確立の過程で，障害の種類や程度に応じた「特殊教育」として定義され，戦後に制定された学校教育法の下では，視覚障害（盲・弱視），聴覚障害（聾・難聴），知的障害，肢体不自由，病弱・身体虚弱，言語障害，情緒障害児を対象に盲聾養護学校と小中学校の特殊学級での指導が行われてきた。「特殊教育」の実施にあたっては，各市町村ごとに設けられた「就学指導委員会」において，義務教育が開始される時点で当該児童の持つ「障害の種類と程度」をもとに，どのような場で教育を受けるのが適切なのかを判断し，教育の場が振り分けられるのが一般的であった。

　しかし，子どもたちの発達の補償と自立を支援するために，「障害の種類と程度」をもとに行われる教育の場の振り分けが，必ずしも一人の子どもとしての地域社会の中での生活の充実にはつながらない場合がある，また，従来の「障害」の枠では捉えられないさまざまな発達的問題を抱える子どもたちへの対応が必要であるという声が大きくなり，「特殊教育」制度は大きな転換を迫られることになった。

2. 特殊教育から，特別支援教育へ

　2007年4月1日より学校教育法等の一部改正が施行され，「特殊教育」から「特別

●表17.1　日米の学童期における特殊教育への就学率の比較（日－2006，米－2003）
(％)

	盲聾養護学校	特殊学級	通級指導	通常学級	計
日本	0.45	1.01	0.56	—	2.02
米国	0.24	1.71	2.49	6.75	11.19

(注)　米国の比率は，全体の指導時間に占める特殊教育または関連するサービスの時間の比率に基づいて次のように分類した。
　　　61％以上－特殊学級　　21％～60％－通級指導　　20％以下－通常学級

支援教育」への転換が図られることとなった。両者の大きな違いは，特殊教育が「障害の種類と程度に応じた教育」であるのに対して，特別支援教育は「児童生徒一人ひとりの特別な教育的ニーズに応じた教育」であるという点である。

　2006年5月1日現在，盲聾養護学校は約1,000校，特殊学級（2007年より特別支援学級）約3万6,000学級，そこで教育を受けている児童・生徒はそれぞれ5万6,315名，10万4,544名，通級による指導を受けている4万1,448名を加えると20万2,307名になり，これは児童・生徒全体1,078万8,944名の1.9％にあたる。子どもが100人いたらそのうち2人は特殊教育の対象となっているわけだ。みなさんはこの数値を「意外に多い」と感じただろうか，それとも「少ない」と感じただろうか。

　上述の現状をアメリカと比較すると表17.1のようになる。（ここでは比較のために小学生の年齢における就学率を示す。）この表からわかることは，第一に，アメリカの特殊教育就学率の高さである。日本の特殊教育への就学率も徐々に増加しており，1997年にはアメリカとの間に10倍の開きがあった就学率の差が，5倍にまで縮んできた。しかし，依然としてその差は大きい。特に，アメリカにおいては通級による指導と通常の学級における指導の割合が非常に高く，普通学級での教育をベースにしながら，必要に応じて特別な支援を受ける形態の特殊教育が定着していることがうかがえる。

　特別支援教育への移行によって，普通学級に在籍しながら，必要に応じて特別な支援がうけられるという制度が導入されることにより，日本の障害児教育がアメリカ型の特殊教育に近づいたということが言える。

　じつは，特別支援教育への移行は一時期に全面的になされたものではなく，障害児を持つ保護者の声や教育現場のニーズに合わせて，徐々に行われてきたものである。その，最初の出発点は文部省による「LD（学習障害）」の認知と「通級学級」の制度化である。1992年，文部省は研究協力者会議を発足させ，本格的にLD児教育への取

り組みを開始した。そして，1993年度から新たに「通級学級」という教育形態が制度化され，普通学級に在籍していながら，特別な支援を必要としていた子どもたちについての教育的支援が認められることになった。2001年1月には，文部科学省の再編に際し，「特殊教育課」の名称が「特別支援教育課」に変更され，従来の特殊教育の対象に加えて，LDやADHD等の通常学級に在籍する，特別な教育的支援を要する児童生徒への対応も積極的に行われることとなった。そして，同年10月に「特別支援教育の在り方に関する調査研究協力者会議」を設置し，障害種別の枠を越えた盲聾養護学校の在り方，およびLD，ADHD，高機能自閉症などへの対応についての具体的な検討が始められた。2004年2月には特別支援教育特別委員会が設置され，2005年には同委員会が障害のある児童生徒などの教育について，従来の「特殊教育」から，一人ひとりのニーズに応じた適切な指導及び必要な支援を行う「特別支援教育」に転換することの必要性を答申として発表している。

また，この間，2002年には，長い間，盲聾養護学校に就学することが義務づけられていた就学基準（障害の程度を示す基準）に該当する児童生徒のうち，小・中学校において適切な教育を受けることができる特別の事情があると認める者については「認定就学者」として，小・中学校に就学させることができるようになった。

3．障害があっても養護学校や特殊学級に就学しなかった理由

前述のような「特殊教育」制度の時代においては，障害を持った児童の就学について，学校教育法施行令及び文部省（現文部科学省）通達により示された心身の障害の程度と教育的措置の目安にしたがって，市町村の教育委員会が就学指導委員会を設置して，児童の実態と，保護者の希望や意見を尊重しながら就学児童の教育措置を決定してきた。ところが，年々文部科学省の示す「目安」と「保護者の希望」には隔たりが大きくなっていたというのが実情である。たとえば，障害に対する偏見にとらわれることもなく，子どもの発達と障害を正しく認識し，前向きな養育姿勢を示す保護者であっても，我が子の就学にあたって，特殊教育の場を希望しない場合が多くなっていた。それはなぜであろうか。

わが国では1979年度から実施された養護学校の義務制度の実施により，どんなに障害の重い児童でも教育を受ける機会が保障されることになった。医学の進歩により，重い障害を持った子どもの生命維持が可能になったことともあいまって，盲聾養護学校における重度・重複障害児の割合は増加しており，教育現場ではこのような児童・生徒に対しての指導内容や指導方法を確立していく必要に迫られている。現実問題と

して，これらの子どもたちに対して「幼稚園，小学校，中学校，高等学校に準ずる教育」では対応できない。

一方で，「障害児保育」の進展により，障害児の保護者の多くは，その子どもの幼児期に何らかの形で健常児との「統合保育」を経験させ，健常児から受ける刺激が我が子をめざましく変容させる体験を持っている。この結果，中軽度の障害を持つ場合はもちろんのこと，かなり重度の知的障害を持つ場合ですら，これまで過ごしてきた地域の健常児集団から，歩行や，会話がままならない重度・重複障害の子どもが目立つ集団の中へ就学することに抵抗を示す。この問題は特殊学級にそのままスライドし，本来特殊学級の対象とされている軽度の障害を持つものは，中〜重度の障害児の存在が目立ち，普通学級に比べて，教科学習よりも生活学習の比重が大きい特殊学級への就学をためらうという現象が起こっていたのである。

特殊教育の場への就学を拒否する保護者の多くは，普通学級が子どもにとってベストな環境でないことは十分承知していた。しかし，特殊教育の場に，子どもの可能性を伸ばしてくれるだろうという期待や，子どもが生き生きと学習できるだろうという魅力を感じられずに，やむをえず「普通学級で様子を見よう」という選択をしていたのである。

「できる限り普通学級に近い環境で教育を受けさせたい」という意識を支えるもう一つの柱は，世界的な障害者に対するノーマライゼーションの潮流である。障害者福祉に対する考え方全体が，健常者と隔離された「施設」型の福祉対策から，できるかぎり地域社会で健常者と共に暮らしていけるような福祉対策に移行してきている。このような考え方が「なぜ『自宅から遠く離れた養護学校』や『兄弟の通う学校と別の学校に設置された特殊学級』に通わなければならないのか」という疑問につながっている。

「世間体」を気にしたり「障害を認めたくない」気持ちから，保護者が子どもの特殊教育の場への就学を拒否する場合もあったことは否定できない。しかし，大方の保護者の意識の中心にあるのは「我が子の可能性を伸ばすのによりよい教育環境」を求める気持ちである。一部には「すべての子どもを普通学級で教育すべきだ」という運動も見られるが，普通学級に在籍させるだけで，それぞれの子どもに適切な教育的配慮がなされなければそれはダンピングにすぎない。本当に求められているのは，地域社会の中で，一人ひとりの子どもの発達を保証し，親が安心と期待を持って子どもを託せる教育環境なのである。

4. 特殊教育の対象とならなかった障害

　特殊教育の場を勧められながら，それを選択しなかった保護者や子どもたちがいる一方で，適切な教育的支援を望みながら，その対象とされてこなかった子どもたちもいる。代表的なものが，近年急激に社会的認知度が高まり，本格的な対策の取り組みが始まりつつある「LD」や「ADHD」，「高機能自閉症」といったいわゆる「原則として知的障害を伴わない発達障害」を持つ子どもたちである。

　典型的な「LD」のイメージとしては，「全般的な知能に遅れがないけれども，文字を読むことがなかなかできるようにならない」とか「知能にも視力にも運動能力にも問題がないのに，空間的な認知が困難で，絵や字がかけるようにならない」といったように「ある部分の学習能力だけが欠落している子ども」である。

　このような子どもたちは全般的な知能に明らかな遅れが認められないがゆえに，学習効果が上がらないことが本人の努力不足のせいにされたり，彼らの多くが多動や注意集中困難といった行動上の問題や集団生活への適応が難しいなどの特徴を併せ持っているために，家庭での育て方やしつけの問題にされることもあった。また，正確な「診断」を受けられる場が限られており，「障害児」と認められることが困難であったということも，特殊教育の対象とはならなかった理由の一つである。1997年に「通級学級」という教育形態が制度化されるまで，知的な遅れを伴わない発達障害を抱える子どもたちの教育上の問題に対処する場はほとんどなかったのである。

　Learning Disabilities（学習障害）という概念は1960年代アメリカで生まれた。アメリカでは1970年代から本格的な研究が行われ，それが通級方式や通常学級での個別援助を中心とした教育的サービスに結びついていった。そして，1970年代には「LD―学習障害」の概念が日本にも入ってきている。しかし，日本ではこの概念は主として医療関係者の間で医学的診断名として使われてきたに過ぎない。「LD―学習障害」が単に「勉強のできない子」とはちがったニュアンスを持っているということが多くの教育関係者に広まってきたのは1990年以降のことである。

　長年にわたり，どのような子どもを指して「LD児」とするのか，関係者によって大きな食い違いが見られた。このことが「LD児」の存在の社会的な認知を遅らせ，教育制度上の対策をたてることにブレーキをかけてきたとも言える。

　LDの定義について大まかに分類すると図17.1のようになる。

　LDの教育に歴史のあるアメリカの場合，LDの診断は，学習成果のあがらない子どもや，集団指導の中で問題となる子どもの個別指導プログラム（IEP：Individual-

発達を保証する補償・治療教育

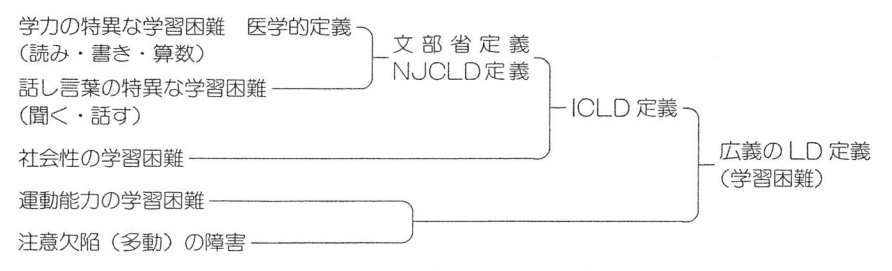

```
学力の特異な学習困難 ─ 医学的定義 ┐
（読み・書き・算数）          ├─ 文部省定義 ┐
話し言葉の特異な学習困難 ──────┘  NJCLD定義 ┤
（聞く・話す）                        ├─ ICLD定義 ┐
社会性の学習困難 ───────────────────┤       ├─ 広義のLD定義
                                              │       （学習困難）
運動能力の学習困難 ──────────────────┤       │
注意欠陥（多動）の障害 ──────────────┘       ┘
```

NJCLD：全米LD合同委員会
ICLD ：米連邦政府内のLDに関する12の部局長による連合委員会

●図17.1 LDにともなう主要な学習の困難の種類と定義との関係（上野, 1996より）

ized Education Program）を作成する過程で，スクールサイコロジストによってなされる場合が多いようである。日本でも，LDという言葉は「診断名」ではなく，適切な教育措置を講ずるにあたっての心身の障害の大まかな種別を示す「教育用語」と考えて使ってはどうか，という考え方もある。これは，そのことによって，「LD」という医学的診断からはもれるような，いわゆるその周辺の子どもたちも対象に含めた，教育的ニーズに応じた，柔軟な教育的対応が実施されやすくなるのではないかという理由からである。

> **個別指導プログラム（IEP: Individualized Education Program）**……「個別指導計画」。アメリカでは全障害児教育法によって特殊教育を受けるすべての障害児に対して「IEP」の作成が義務づけられている。作成にあたっては，公教育当局代表，担当教師，スクールサイコロジスト，両親，場合によっては本人が参加して会議を行い，一人ひとりの子どもについて，現在の教育達成度や教育目標，必要な特殊教育の内容，通常の教育プログラムに参加できる程度が示され，実行に移される。

しかし，筆者の個人的な意見としては，「LD」は，やはりある程度厳密に定義された症状に対する診断名として必要であり，教育的ニーズからおおまかに定義する必要があるならば，イギリスのように原因にこだわらず「学習困難」としたり，ニュージーランドのように「特別な教育的ニーズ」という概念を用いて，その中には「LD」，「ADHD」，「高機能自閉症」などさまざまな発達障害等を持つ子どもたちがいると考えていくことの方が良いではないかと思う。それぞれの障害にあてはまる症状を持つ子どもたちの診断基準や特徴，認知的特性，指導方法等に関する研究成果の進歩にはめざましいものがあり，たとえば，「LD」の子どもたちへの支援，「高機能自閉症」の子どもたちへの支援，そしてその両者を併せ持つ子どもたちへの支援はそれぞれ異なった配慮が必要であるということも明らかになってきている。したがって，できる

限り正確なアセスメントと診断を受けることが、効果的な教育的支援を受けるための近道であると考えるからである。

5. 個々のニーズに合わせた教育

　「特殊教育の場を選ばない」という場合にしても「特殊教育の場を得られない」という場合にしても根本的に求められていた対策は共通であった。つまり「個々のニーズにあった柔軟な教育的対応」が必要とされていたのである。そして、そのニーズに合わせる形で実施されるに至ったのが「特別支援教育」である。
　特別な教育的援助を必要としているにもかかわらずそれが得られないと、学業不振はもとより、情緒的、行動的な二次障害が起こってくる可能性が大きい。これまで、普通学級に在籍する知的障害児やLD児の多くは安定した友人関係や自己信頼感を形成することが難しく、学年があがるにつれ、心身症やチック、強迫症状などが見られるようになることも少なくなかった。じつは「不登校」、「いじめ」、「非行」というような問題の裏にも、そこに至るまでの過程で適切な教育的援助があれば防げたのではないだろうかと思われる場合が多い。
　また、普通学級でこのような子どもを抱えた担任教師の立場に立つと、たとえばADHDを伴うLDの子がクラスに一人いると、精神的にも体力的にも相当の負担を強いられる。自席に座っていることができずに教室の外に飛び出したり、周囲の子にちょっかいを出しては次々にトラブルを起こしたり、こうなると、この子のための教育的配慮を考える以前に通常の授業ができる状態を保つだけで神経をすり減らしてしまう。なぜこの子どもがこのような状態なのか、何をどのように配慮して援助すればよいのか、発達障害やそれにともなう情緒的、行動的問題に関する知識も、具体的な対応の方法もまったくわからない教師がこういった状態に振り回されてしまうことも、適切な教育的援助がなされないために二次的に起こってくる問題である。
　このような二次的に起こってくる問題を未然に防ぐためにも、特別支援教育はこれまでのように「心身障害児」のための教育ではなく「特別な教育的ニーズ」を持つ子どもたちすべてを対象として、学校全体で対策を考えていくことが求められる。
　「2. 特殊教育から、特別支援教育へ」で触れたようにアメリカにおいては学齢児の10%以上が特殊教育の対象者であり、その半数はLDと分類された子どもたちである。そして1975年に制定された全障害児教育法によって3歳から21歳までの特殊教育を受けるすべての障害児に対して個別指導プログラム（IEP）の作成が義務づけられている。この制度によって一人ひとりの子どもについて現在の教育達成度や教育目標、

与えられるべき特殊教育サービスの内容，子どもが通常の教育プログラムに参加できる程度などが関係者に明確に示され，実行に移される。そして少なくとも年1回「IEP」の再評価がなされなければならない。公教育当局は「IEP」の作成と実施について責任を負う。この制度が運用される上で特記すべきことは，「IEP」の作成にあたって公教育当局代表，担当教師，スクールサイコロジスト等の他，両親，そして場合によっては本人が参加して会議を行うことである。

　「IEP」が作られれば問題が解決するわけではないし，アメリカの制度をそのまま日本に取り入れることには無理がある。しかし，通常の授業内容を一般的な方法で教えられただけでは習得できない子どもたちに対する効果的な指導方法を具体的に提供することは早急に求められており，そこにこれまでの教育心理学的な研究の成果が生かされることが必要である。また，「特殊教育」は専門の担当者のみによってなされるものではなく，教育環境全体の中で普通学級担任教師や両親までも含んだチームによる働きかけと考えていくことで，子どもに対する一貫した効果的取り組みが可能になっていくと思われる。今後は，通級学級をはじめさまざまな教育形態の中で，心身に障害を持った児童のみならず「特別な教育的ニーズを持った子どもたち」すべてに対する教育的援助が充実していくことが望まれる。

18 成長・変容を支えるさまざまな心理技法Ⅰ
――カウンセリングの基本的な考え方

　本章では，教師あるいは教職志望の学生として理解しておくべきカウンセリングの基礎として，次の3点を強調したい。第一はカウンセリングのよってたつ基本的な考え方，第二はカウンセリングの技法の基礎にあるものの認識，第三は予防的・開発的援助もカウンセラーの機能であること，である。

1．カウンセリングの基本的な考え方

(1) カウンセリングとは何か

　定義というのは，大事である。たとえば教師の行う相談はカウンセリングなのか，という問いや，カウンセリングと心理療法は異なるのかなどの問いも，カウンセリングをどう定義するかで，答えが違ってくる。たとえば國分（1996）は「カウンセリングとは，①問題解決の援助と，②パーソナリティ成長の援助のいずれかを主目標にした人間関係である」としている。これはカウンセリングの広い定義である。

　本章では，まずはカウセリングを「カウンセラーの行う個人面接」とその範囲を定める。これは外枠からの定義である。こう定義することで，カウンセリングと教師の行う相談は別物である，となる。なぜならば教師はカウンセラーではないからである。ところで「カウンセラーの行う個人面接」はすべてがカウンセリングかという問いも一考に値する。答えは「ノー」である。なぜならば後に述べるようにカウンセラーはカウンセリング以外にコンサルテーションとして個人面接を行うことなどもあるからである。また実際には本人はカウンセリングのつもりでも，雑談と変わりのない面接も存在するだろう。これは雑談が大事でない，という意味ではもちろんない。

　では雑談とカウンセリングを分けるものは何か。それはカウンセリングは目的をもった対話である点である。カウンセリング関係とは目的をもった人間関係であり，目的が達せられれば，終結する職業的関係なのである。そのためにカウンセリングは決まった場所，時間の制約，料金の取り決めのもとで行われる。

　それではどういう目的をもった関係なのか。現在の標準的な定義を紹介しよう

(Herr & Cramer, 1988, 渡辺, 1996より)。それは,「カウンセリグとは心理学的な専門的援助過程である。そして, それは, 大部分が言語を通して行われる過程であり, その過程の中で, カウンセリングの専門家であるカウンセラーと, 何らかの問題を解決すべく援助をもとめているクライエントとがダイナミックに相互作用し, カウンセラーは様々の援助行動を通して, 自分の行動に責任をもつクライエントが自己理解を深め,『よい(積極的・建設的)』意志決定という形で行動がとれるようになるのを援助する。そしてこの援助過程を通して, クライエントが自分の成りうる人間に向かって成長し, 成りうる人になること, つまり, 社会の中でその人なりに最高に機能できる自発的で独立した人として自分の人生を歩むようになることを究極的目標とする」というものである。この定義から, 以下の4点が理解されよう。

① 援助といっても社会福祉的な援助(この場合は経済的援助や労働力の提供, 環境調整なども含まれる)や医学的な治療とは異なり, 心理学的な援助である。
② 方法としては対話が主たるものであり, 言語以外の媒体(絵画や箱庭など)を用いることは副次的であり, 身体に触れることは原則としてしない。
③ カウンセラーとクライエントの間の人間関係を通しての援助である。読書や自然からも多くの啓発や学びを経験するが, それらとは異なる。
④ 援助の目標はクライエントの自己理解と意志決定であり, クライエントの問題行動や症状の軽減も大事ではあるが, それが一義的な目標ではなく, クライエントの自立の援助に目標を置いたものである。

なお, カウンセリングと類似の概念に心理療法がある。両者の違いは, 相対的にいって, 心理療法が個人の病理的側面に注目し, 問題行動や症状の軽減を主な目的にするのに対し, カウンセリングは発達的な視点にたって, 個人の成長と適応の援助を目的とするといえる。ただし現在の日本では専門家の間でも両者を明確に区別して用いる人と, 両者を特に区別せず用いる人がいる。今回用いた定義は標準的とはいえ, かなりカウンセリングの独自性を考慮したものである。

(2) カウンセリングを支えている価値観

このようなカウンセリグはどのような考えを拠り所にして成り立っているのだろうか。以下の3点を指摘したい。

①個人を尊重する精神　これは人が人に関わるというカウンセリングの根本思想である。個人を尊重するとはどういうことか。基本となることは, 自分も相手もともに,

人格の尊厳性をもっているということである。一人ひとりが，自分で主体的に判断し，選択し，独立した人生を送っていい。また自分の人生を他人に譲り渡す必要はない。このような価値観がカウンセリグを支え，またクライエントと作る人間関係の質のなかでカウンセラーが試されているともいえよう。他人の心を操作しようとするマインド・コントロールとカウンセリングの違いはここにある。

❷**適応という観点**　適応とは環境が個人に働きかける側面と個人が環境に働きかける側面の両面を含む概念である。不登校の子どもがカウンセリングのプロセスのなかで，自分の考えが見えてきて，それが家族や学校の教師の本人に対する見方や対応の変化を生み，完全な再登校には至らないとしても，進路に関して納得した道を選ぶというのも適応である。このように環境や社会との関係で個人の適応を考えるという考え方がカウンセリングを支えている。

❸**変化の可能性への信頼**　カウンセリングの開始時には，クライエントの健康な部分が弱っていて，ほとんど見えなくなっている場合もまれではない。しかし，今はかすかにしか見えなくても，将来そこから育っていく可能性の芽を信頼できること，あるいは今は何も見えないがそこに踏みとどまり，もうすこし努力を続けてみよう，といったカウンセラーの姿勢がカウンセリングを可能にしているといえる。ただし，そのような変化には時間がかかる場合も少なくない。そのことは残念ではあるが事実である，というカウンセラーの認識も必要である。

　この変化の可能性を信頼することは，症状や問題行動など表面に現れている当面の問題を改めるべき個人の特性としてのみ理解するのではなく，それらを発達的な意味ある問題としてあるいは関係性の文脈で吟味する，という視点にもつながる。たとえば，ある子どもの不登校が母親からの自立の表現であったり，ある青年の自殺未遂が，その家族で一番敏感な人が身を呈して表現した家族のSOS信号であると理解できる場合もある。

2. カウンセリングの共通の基盤

　カウセリングにもさまざまな立場があり，大きく分類しても，精神分析的なオリエンテーションのカウンセリング，行動主義に基礎を置く行動カウンセリング，人間性主義心理学にもとづくカウンセリング，家族療法のアプローチなどがあげられる。またそれらを折衷あるいは統合しようとする立場もある。ここではさまざまな立場に共通するカウンセリングの基盤として，カウンセラーの態度とカウンセリングの技法の基礎について述べる。

(1) カウンセラーの態度

うまくいったカウンセリングは，理論や技法や解釈の違いはあってもそこに共通の要素があることが次第に明らかになってきた（渡辺，1996）。それはカウンセリング関係の特質として「カウンセラーとクライエントとの間に温かい信頼に満ちた関係」が築かれていることであった。そのカウンセリング関係の特質は，人間性主義心理学の立場に立つ，クライエント中心カウンセリングのカウンセラーが重視する態度と同様のものであった。現在ではカウンセラーの態度が成功するカウンセリングの必要条件であることは，立場を超えて共通理解となりつつある。クライエント中心カウンセリングの創始者であるロジャーズ（1957）は「人格変化に必要で十分な条件」として以下の3条件をあげた。

①無条件の積極的関心 無条件の積極的関心は受容ともいう。これはクライエントの話のある部分のみに関心もって熱心に聞き，他の部分は関心をもたない，というのではなく，「無条件」に，つまり，クライエントのどのような話にも，またクライエントが感じている否定的な感情も肯定的な感情も，それをクライエントが感じているものとして，そのまま受け取ろうというありようである。それは，クライエントを一人の独立した人格として心から大切にするという態度でもあり，カウンセリングの基本といえる。

②共感的理解 共感的理解とは，自分なりの理解ではなく，クライエントはどういう見方にたっているのだろうかと，相手の物の見方にたってクライエントの体験を理解しようとする態度である。クライエントの世界に入り込み，クライエントが体験していることを感じとろうとするが，一方「あたかも……かのように」という特質を残している点に注意することが必要である。つまり自他の区別がなくなってしまう感情的な同情とは異なり，あくまで共感的「理解」である。

③自己一致 自己一致は，純粋性，透明であること，ともいう。これはカウンセラーがそのとき体験しているさまざまな感情や態度に対して，自分をあざむかないということである。カウンセリングの過程でカウンセラーが，自分では認めたくない感情が生じた場合（たとえば，クライエントに対して腹立たしさを感じるなど）でも，その感情を即座に否定せず，そういう感情をもっている自分に気づき，認めることであり，場合によってはそれを表現し，クライエントと共有するということである。いいかえればカウンセラーは自分の正直な気持ちに気づいて，クライエントからもそれが見えるということである。

このような3つの態度は技法ではなく，態度である。ロジャーズはカウンセリング場面でのカウンセラーの態度を問題にしているし，実際，カウンセラーの日常生活に

までこれらの条件を満たすことを要求するのは非現実的である。しかし日常場面で，これらとはかけ離れた態度をとるカウンセラーが，カウンセリング場面でだけこのような態度をとり得るかと考えると，とてもそうとは思えない。

(2) カウンセリングの技法の基礎
　カウセリングの理論的な立場により，その扱う技法もさまざまである。ここでは，カウンセリングに共通の基盤として技法の基礎にある「言葉の重視」と「非言語への注目」の２点にふれる。
①**言葉の重視**　カウンセリングは主として言葉を通じて行われる営みでる。前述したカウンセラーの態度が実現されたとしても，実はそれでは不十分である。共感的理解にしても，受容にしてもそれらはクライエントに伝えられてこそ実質的な意味をもつ。そのためにもカウンセラーは自分の理解や感情が伝わるような言葉の表現に心を砕く。また，言葉を大切にし，自分の発する言葉に対して責任をもつ覚悟も必要になる。
②**非言語への注目**　「カウンセリグは言葉を重視する」といってもカウンセラーはクライエントの言葉の内容だけを聴いているのではない。その言葉がのっている音声，声の調子など，言語内容以外のものをむしろ聴いているといってもいいくらいである。そこに本人の感情的なものがよく現れているからである。「おこっていません」という内容の言葉と，音声が表現しているものが，まるで正反対であることがあるのは日常的にもよく経験することである。カウンセリングはそこに注目する。また表情，姿勢，身振り，服装などの非言語的な表現も，クライエントが言葉にしないことを雄弁に語っている場合も多い。逆にカウンセラーの立場としては言語上のメッセージと非言語上のメッセージの矛盾をなるべく少なくすることをこころがける。

3. カウンセラーの機能とカウンセラー像

　カウンセラーの仕事は個人カウンセリングだけではない。それを核としつつも多様な機能を果たしている。ここではコンサルタントとしての機能および予防的・開発的援助について述べ，最後に，カウンセラー像を提示しようと思う。

(1) コンサルタントとしてのカウンセラー
　コンサルテーションはカウンセラーのもう一つの大切な機能である。ある専門家（たとえば教師）が問題を抱えている児童を援助するために別の専門家（カウンセラー）の専門知識を必要としている場合，カウンセラーが専門的な見地から教師にアドバイ

スする，これがコンサルテーションである。この場合コンサルタントとコンサルティ（相談する人）はお互い専門家として関わるのであり，カウンセラー－クライエント関係とは明確に異なる。カウンセラーの側からいえば，カウンセリングはクライエントに対する「直接的介入」であるのに対して，コンサルテーションはクライエントに対する「間接的な介入」である。

(2) 予防的・開発的援助

カウンセリングが開始されるのは，実際にはクライエントに何らかの問題行動や症状が発現した後が多い。そうではなく将来起こりうる問題を予想し，それらを未然に防ぐようなアプローチをしたり，個人が自分の可能性を発見したり，将来有効と思われるがいまだ十分開発されていない能力を育てる機会を提供するのが予防的・開発的援助である。学校教育場面では「心理教育」と呼ばれている活動がそれにあたる。現在でも構成的エンカウンター・グループ等の方法が学校教育場面に徐々に導入されているが，これら予防的・開発的援助に向けたプログラム開発と実践，評価もカウンセラーの果たす役割である。

(3) これからのカウンセラー像

カウンセラーはその中核である，カウンセリングにおいてクライエントの言葉と言葉になっていないものに耳を澄ませ，クライエントを理解しようとし，クライエントの成長と変容，自立を援助する。このような場面でのカウンセラーの働きは，変化をうながす触媒としての機能がその中心にあるといえよう。そのような働きは概していえば，受け身的であり，またそれが他の専門職にないよさでもある。中村（1984）のいう「パトスの知」，山本（1986）のいう「受け身の知」をもった人である。

ところが，カウンセラーは他方で環境に働きかける人，変化を作り出す人といった面があり，今後この側面がますます重視される。それはクライエントの福祉のために環境に働きかける場合もあるし，カウンセリングの仕事そのものの性質から，そのクライエントの属する組織などの問題点を他の職種の人よりもはやく察知できる立場にいるためにできる提言もある。いずれにせよ，面接室にこもるのではなく，積極的に環境に働きかけ，変化を作り出す。

この両方の機能を自分のアイデンティティとし，それらがバラバラでなく変化の触媒・促進者として統合されて機能するのがこれからのカウンセラー像であろう。教師がカウンセラーに対してそのような期待や要求をもってカウンセラーと連携をとりあうことは，今後ますます重要になると考える。

19 成長・変容を支えるさまざまな心理技法Ⅱ
——行動療法的な観点からの問題解決への支援

1．行動に対する考え方——医学モデルと学習モデル

　心理学では，経験の結果，行動が変わる現象を「学習」と呼んでいる。学習というと，机に向かって行う「勉強」を連想しがちだが，勉強だけが学習なのではない。箸を使って物がつかめるようになるのも，泳ぎや縄跳びができるようになるのも，遊びのルールや技術が身につくのも，あいさつができるようになるのも，みな経験の結果身につくことであり学習の範疇で考えられる。

　図19.1は，学習を意図的なものと無意図的なものに大別して示したものである。学校教育では，教師はもっぱら，「意図的な学習」（勉強や練習）に関わるところで指導を行っていることになるし，子どもたちが，遊びをはじめ他者との日常的なやりとりのなかで身につけることは，「無意図的な学習」に関わっていると考えられる。

(1) 医学モデルとは

　心や行動の問題について考えるのに先だって，身体の病気について考えてみよう。たとえば，はやりのインフルエンザにかかって高熱や咳が出たり，旅行先で，何らかの菌で汚染されていた生水を飲んで下痢を起こしたとする。このとき，高熱や下痢は，その病気の症状と呼ばれる。医者に行って，痰や便を検査してもらうと，インフルエンザ・ウィルスやチフス菌が発見される。これらが症状を起こしている原因だったのである。菌の培養技術や顕微鏡の発達によって，容易には見ることはできないがしかし確実に存在するその症状を起こしている「もと」を特定することができるようになった。症状の背後にはそれを引き起こす病原があると考えることによって，病気の治

◉図19.1　学習の分類（範囲）

学習
- 意図的な学習
  - 机に向かって行う学習 —（勉強）
  - 運動的な学習 ————（練習・訓練）
  - 社会的な行動の学習 ——（しつけ？）
- 無意図的な学習
  - 知らず知らずのうちに身につく態度や技術身につく反応
  - 不幸な経験の結果身につく反応

成長・変容を支えるさまざまな心理技法Ⅱ——行動療法的な観点からの問題解決への支援

療や予防は大きく進歩した。

　医学の領域で採用されてきたこうした考え方を，人の心や行動の問題に対しても当てはめて考えていこうとするところから，医学モデルと呼ぶ。つまり，奇妙であったり過度であったりして，周囲を驚かせたり本人を苦しめたりする行動は症状であり，その行動を引き起こしている原因が，どこか（おそらく，心のなか）にあるに違いないと考えるのである。

　この考え方は，外に現れた不適切な行動は，心のなかの病理や障害が原因になって起きていると考えるところから，「病理モデル，障害モデル」とも呼ばれる。

(2) 学習モデルとは

　医学モデルとは対照的に，学習モデルでは，外に現れた症状には心のなかにその原因があるといった考え方はとらない。学習モデルでは，行動を，それが適切なものであれ不適切なものであれ，学習の結果と考えている。多くの学習は，それまでできなかったことができるようになるといった意味で，適切な行動をもたらすことが多いが，ときに，不幸な経験の結果，本人や周囲を困らせる行動が身についてしまうこともある（図19.1）。また，子どもたちの問題行動と呼ばれるもののなかには，彼らが発達の途上にあり，期待される行動がまだ身についていないことによって，問題とされることがある。

　いずれにしろ，不適切な行動は，誤った学習をしてしまったかまだ適切な学習をしていないためにそう呼ばれるのであり，適切な経験をし直すことで，それを直していけると考えるのである。こうした考え方は，「学習モデル・社会的学習モデル」と呼ばれ，行動療法は，この考えに立脚した治療体系といえる。

2．行動療法の技法

　行動療法は，学習理論（かなりの部分は，条件づけ理論）に基礎をおいている。学習理論とそれにもとづく技法の概略は図19.2のように示すことができる。

(1) 古典的条件づけにもとづく技法

　古典的条件づけに関しては，ロシアの生理学者パブロフによる，犬の唾液反射を利用した研究がよく知られている。それは，唾液の分泌（無条件反射）を引き起こす食物（無条件刺激）と別の刺激（ベルの音＝中性刺激）とを対にして提示することを繰り返すことによって，それまで唾液の分泌を引き起こすことのなかったベルの音が，それ

```
        ┌ 古典的条件づけ ················· 系統的脱感作法，フラッディング法
        │ （レスポンデント条件づけ）      フェーディング法，嫌悪療法など
学習理論 ┤ 道具的条件づけ ················· 正強化法，罰（タイムアウト，レスポンスコスト）技法
        │ （オペラント条件づけ）          シェイピング法など
        └ 認知的学習 ····················· モデリング法，セルフコントロール法
                                         認知行動療法など
```

●図19.2 学習理論と技法の概略

を引き起こすようになる（条件刺激になる）過程であると表すことができる。人の感情や情動のなかには，こうした古典的条件づけによって説明できるものが少なくない。

ワトソンら（1920）は，アルバートと名づけられた生後11ヵ月の男児に，白ネズミ（中性刺激）を見せるたびに，大きな音（無条件刺激）を聞かせることを繰り返して，この男児に白ネズミに対する恐怖反応（条件反射）を植えつけた。いわば，実験的に恐怖症を作り出したわけだが，実験的に作り出された反応なら，その逆の手続きをふむことによって，それをもとに戻すことができるかもしれない。ワトソンらの実験を引き継いだジョーンズ（1924）は，ピーターと呼ばれる2歳10ヵ月の男児の，ウサギに対する恐怖反応を，彼が食事（無条件刺激）をとってリラックスしている（無条件反射）ときに，ウサギ（条件刺激）を徐々に近づけるという手法を用いて，ウサギに対する恐怖反応を消去することに成功している（ただし，ジョーンズの研究では，食事のみでなく，他の手続きも併用されている）。

こうした，実験的な研究を背景に，ウォルピ（1958）は，恐怖反応や不安反応を低減することを目的とした系統的脱感作法（systematic desensitization）を体系化した。これは，恐怖や不安は，条件づけられた反応であり，それを引き起こしている刺激（条件刺激）に，リラックスや安心感を引き起こす刺激（無条件刺激）を対提示することによって，恐怖や不安を消去できるという考えにもとづいている。

系統的脱感作法は，以下の3成分から成り立っている。①恐怖や不安に打ち勝つことのできる十分なリラックス状態を作り出す。一般的には，漸進的筋弛緩法や自律訓練法などを用いて，不安と拮抗する反応を作り出す。②恐怖や不安を引き起こす刺激・状況を，その強さの順に整理する。これは，不安階層表の作成と呼ばれる。③十分に深いリラックス状態の下で（①），不安を誘発する度合いの低いものから高いものへ，刺激を段階的に提示（②）していく。つまり，一段階ずつ不安反応を抑制していくのである。

筆者（松村，1992，1998）は，場面緘黙への介入に際し，対象児がリラックスして遊んだりしゃべったりしているところに，担任教師やクラスの子どもたちを徐々に近づけるという方法（フェーディング法）を用いて，発話の形成を試みている。

(2) 道具的条件づけにもとづく技法

道具的(オペラント)条件づけは，アメリカの心理学者，スキナーとその後継者たちによって，体系化が進められてきた。

道具的条件づけは，行動が，それに後続して(専門的には，「随伴して」といわれる)生起したことがら(結果)によって決定的な影響を受けることに着目し，結果を操作することによって行動を変化させようとする学習の一つである。

われわれの行動の多くは，ある刺激を手がかりにして「自発的に」行われることが多い。時計が7時を指している(a)ので，家を出る(b)と，電車に間に合う(c)。チャイムが鳴った(a)ので，席に着く(b)と，授業が始まる(c)。手紙が来た(a)ので，返事を書く(b)と，また手紙がやってくる(c)……。これらの例のうち，下線部(a)は，下線部(b)の行動の手がかり(弁別刺激)と呼ばれる。なぜなら，下線部(b)は「自発的に」行われた行動であり，下線部(a)によって強制されたものではないからである(家にとどまることも，席に着かず廊下で騒いでいることも，返事を書かないでいることも可能なのである)。なぜいくつかある選択肢のうちから，下線部(b)の行動が選択されるようになったのかは，その行動の結果として起こったことがら，すなわち，下線部(c)によるところが大きい。先行する行動の自発頻度を高めたり低めたりするので，下線部(c)は，強化子(後続あるいは随伴事象)と呼ばれる。チャイムが鳴ったのに席に着かないでいれば，叱られることになり，叱られる対象となった行動はしだいに減っていく。叱られることも，強化子の一つである(普通，それは罰と呼ばれる)。

図19.3は，道具的条件づけを図式化して示したものである。このタイプの条件づけにもとづく技法は，行動変容法あるいは応用行動分析と呼ばれることもある。

道具的条件づけにもとづく技法は，古くから，精神障害や知的障害，自閉症などの行動形成に適用されてきたが，しだいに，通常の学級のなかでの学習行動(授業中の態度や課題への取り組み)や対人関係の改善を目的としたアプローチでも使用されるようになってきた。たとえば，アレンら(1964)は，仲間との遊びが成立しにくい幼児の行動を，幼稚園の保母が与える強化子(注目したり相手をしたりすること)を操作することによって変容させている。また，エイロンら(1974)は，授業中の妨害的

●図19.3 道具的条件づけの図式

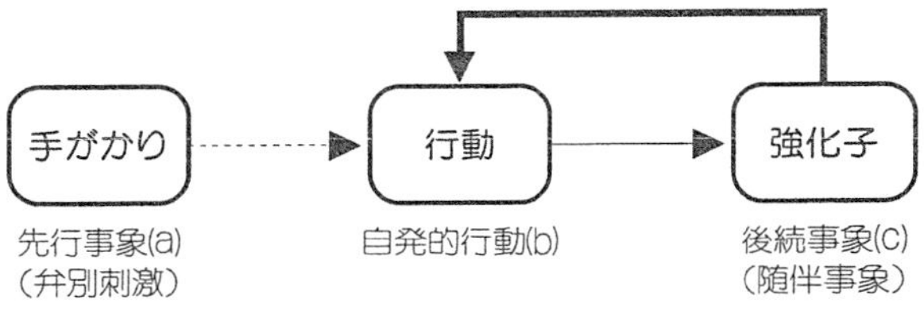

手がかり → 行動 → 強化子
先行事象(a) 自発的行動(b) 後続事象(c)
(弁別刺激) (随伴事象)

な行動を，それと拮抗する学習課題への取り組みを強化（この研究では，トークン・エコノミーが用いられた）することによって変容させている。

(3) 認知的学習にもとづく技法

上記の2種類の条件づけにもとづく技法は，実験室における動物実験を基礎に構成されたものであり，いわば行動療法のなかの伝統的な技法ということができる。行動療法は，直接操作ができる物理的な刺激と観察できる外に現れた

> **トークン・エコノミー**……トークン・エコノミー（token economy）は「代用貨幣経済」とも訳され，ある一定の条件のもとで貨幣と同様の機能をもつシステムのことである。一般的には，所定の行動を行う（たとえば，一定時間席に着いている）とポイントが与えられ，集めたポイントに応じて物や特典などと交換することができるといった形をとる。道具的条件づけの考え方を応用したものであり，交換の対象となる物や特典は，後づけ強化子（backup reinforcer）と呼ばれる。

反応（行動）とに注目することにより科学的な厳密さを強調してきた。厳密さを求めれば，実験的なコントロールが可能な動物実験に頼らざるをえないが，人間の不適切行動に対する行動療法としての実践を経るなかで，人間に独自な資質を取り込んだ学習に関心が向けられるようになってきた。また，そうした人間に独自な学習についての実験室的な知見も蓄積され，学習理論と技法の新たな概念化が進められてきている。

①**モデリング**　モデリング（Modeling）は，他者の行動とそれに随伴する結果を観察することによって成り立つ学習である。つまり，他者をモデルとして成り立つ学習であり，昔から「人の振り見てわが振り直せ」といわれてきたことに通じることもあるが，このタイプの学習が体系化されたのは比較的近年になってからのことで，その中心となったのはアメリカの心理学者，バンデューラである。バンデューラら（1963）は，子どもの攻撃的な行動が，他者が示す攻撃的な行動を目撃することによって成立するのを実験的に明らかにしたり，ある種の恐怖反応が，他者が勇気を出して（？）恐怖刺激に接近するのを観察することによって，減衰するのを確認している。また，オコーナー（1969）は，極端に引っ込み思案な子どもに，その子と同じように引っ込み思案だった子が徐々に友人のなかに入っていくのを見せることによって，そうした傾向が解消していくことを実験的に明らかにしている。

②**セルフ・コントロール**　セルフ・コントロール（Self-control）とは，親や教師からほめられたり叱られたりして行動を変えるのではなく，自分の行動を自分で制御していくことを指している。セルフ・コントロールには，いくつかのやり方があるが，マイヒェンバウムら（1971）のものを紹介しておこう。彼らは，衝動型と表現される子ども（じっくり落ち着いて作業に取り組むことができないために間違いが多い）の作業への取り組みを，自己教示訓練手続きを用いて変容させている。そこでの自己教

示訓練は,「いま,自分は何をすべきなのか」「どうすれば解決にたどり着けるのか」「間違えないように慎重に」「間違えたらもとへ戻って……」というように,課題を遂行する際の自分の行動を自分の言葉でガイドすることからなっている。

最近では,「認知行動療法」と銘を打った書物が数多く出版されている。物理的な刺激と反応を操作することによって客観性を求めてきた初期の頃にあっては,「行動か認知か」といった二律背反的なとらえ方が主流であったが,いまや,認知と行動が共存するようなとらえ方になっている。より現実的な考え方になってきたということでもあるし,行動研究の裾野が広がってきたということでもある。

3. コンサルテーションのなかでの行動療法

行動療法は,病院や施設のみでなく,学校現場でも採用可能な心理技法である。わが国のスクールカウンセラーの職務を考える際に参考になる,アメリカの学校心理学者（スクールサイコロジスト）の職務には,およそ以下の3つがあげられている。第一は,主に子どもの能力や資質についての査定（アセスメント）,第二は,子どもに対する面接や指導（カウンセリング）,第三は,子どもを直接指導する教師に対する支持・援助（コンサルテーション）である。

これらのうち,コンサルテーションは,学校心理学者自身が重要視している職務であり,いくつかのアプローチが提言されている。なかでも,教師の教育実践が,カリキュラムの構成,教材の選択,指導技術の工夫,賞罰の与え方,学校の物理的環境の調整など,子どもたちの教育環境を操作することから成り立っていることを考えれば,「学習モデル」にもとづくアプローチが,教師の実践に馴染みやすいものであることは推測できる。実際,グッドウィンら（1976）は,行動的コンサルテーションとして,適切／不適切な行動の定義,不適切な行動の先行／随伴事象の分析,適切な行動の先行／随伴事象の分析,適切な行動を招来し,不適切な行動を抑制するための先行／後続事象の計画など,道具的条件づけの立場からのアプローチを提言している。

もちろん,「学習モデル」が有望な考え方だとしても,それが学校のなかで真に力を発揮するためには,モデルの力にのみ頼るのではなく,それが適用される場（学校・学級）の特性について十分な理解をすることが肝心だろう。どんな有望な理論や技法でも,教師たちが本当は何を求めているのかということを無視しては,学校のなかでの意味のある適用は難しいからである。

20 子どもの成長・変容をうながす心理教育

1．心理教育への注目とその背景

　心理学の領域で得られた知見や技術を，心理学の専門家以外の多様な領域の人（たとえば学校の教師）が，人間の心理発達をうながす教育的な目的に応用して用いることを，「心理教育」（psychoeducation）という。近年，わが国の教育界でも，この用語が頻繁に用いられるようになった。

　その背景には，子どもたちの行動様式の大きな変化がある。特に対人関係の様式，たとえば，他者に向かって自分を表現するスキルの低下，他者と深い人間関係を形成していく力や集団を形成していく力の低下が指摘される。「いじめ」「キレる」（理由のわからない突発的な暴力），「学級崩壊」等の問題は，これらの子どもの変化と深い関係をもつ事象と考えられている。

　もちろん，このような子どもの対人行動の変化の背後には，子どもの発達環境の大きな変化がある。対人関係能力の発達に直接関連する環境の変化をあげてみれば，家庭環境に関しては，核家族化，両親の共稼ぎの増加，小子化等の現象が，そして地域環境に関しては，地域の大人や子どもとの関係の希薄化や異年齢集団の消失等の現象がある。これらの変化によって，子どもが，拡大家族（祖父母，叔父・叔母，従兄弟等）や，親や，兄弟や，地域の大人や子どもたちとふれあう機会は大幅に減少した。かつては，発達初期からこれらの人たちとの密な接触のなかで自然に行われていた対人関係スキルの学習が，最近の子どもたちのなかでは見られなくなったことは当然といえる。「心の教育」の提唱や心理教育への注目は，人間関係の形成に関する子どもたちの学習と発達の不十分さを学校教育で補わなければならないという認識が高まってきたためであろう。

2．教師に対する心理教育

　学校教育に関連する「心理教育」は，教師に対する心理教育と子どもに対する心理

教育に通常は分けられるが，最近は，わが国でも，親に対する心理教育（たとえば，「子どもとの上手なコミュニケーションの仕方」に関するそれ）を行う学校が現れてきたので，この領域の心理教育の対象は，教師，子ども，親の三者に大別されると考えてよい。

教師に対する心理教育は，アメリカなどでは，たとえば，①子どもによって教師のなかに引き起こされる怒りやフラストレーションに適切に対処しつつ，子どもの自律性や自己決定を高めていくためのコミュニケーション訓練，②教師の「叱責」を呼び起こすような子どもの行動に対して，子どもにとって「筋道の通った」説明と感じられる働きかけを促進する訓練，③子どもの特性に合わせて，子どものアイデンティティ感覚や自己効力感や連帯感を高めていくカリキュラムを編成する方法を教えるプログラム，④子どもに対する教師の共感性や自己一致や肯定的顧慮を促進するための体験学習プログラム等の，多くの訓練プログラムが開発されている。いずれも，教師が子どもとの関係のなかでぶつかる難しい場面や，教師が子どもとの関係を壊しやすい場面を丁寧に調べ，それぞれの場面を生産的に解決するスキルを教師に教えるものとなっている。たとえば，上述の①や②の訓練は，子どもに対する怒りやいらだちから，教師が子どもに対して権力的に怒鳴りつけたり抑えつけたりして，教師に対して従順に従う子どもを作ろうとしたり，あるいは逆に子どもの反抗を呼び起こして関係を崩してしまう傾向があることに注目し，①では，教師の怒りを適切に表明しつつ，子どもがそれを手がかりに自分で自分を統制する力を育てていけるようなコミュニケーションを，②では，子どもを抑えつけるような「叱責」ではなく，子どもに納得できるようなコミュニケーションの方法を，それぞれ教師に教えるものになっている。

わが国では，教員に対するカウンセリング研修，ゴードンの教師業訓練（Teacher Effectiveness Training）（Gordon, 1974）（13「教師の働きかけの特徴」参照）等が代表的なものといえるが，その他に「授業を生き生きとしたものにする教師の力量を高めるための訓練プログラム」（河津，1991）なども提起されている。教師自身が，エンカウンター・グループやアサーション・トレーニング（ともに自分の考えや気持ちを正直に的確に表現できるようにする訓練）に参加して，コミュニケーション技術を磨く場合も多い。

3．親に対する心理教育

わが国ではまだ少ないが，親に対する心理教育的接近を始める学校が現れつつある。子どもの成長に関わる大人として重要な意味をもつ教師と親が，相互の協力関係と連

携を深めながら，子どもに対する援助力を高めていこうとする試みでもある。

　この種の試みで最も一般的に用いられる方法はロールプレイである。親が二人一組になって「こども」の役割と「親」の役割に分かれ，特定の場面での親子の会話を交わし，その会話について参加者全員で討論しながら，親子の関係を深めていくような会話のあり方を探求していくものである。この分野の先駆者である中学校教師の川合（2000）の実践では，「テストが迫っているのに，少しも勉強しないで，マンガ本を読みながら笑っている子どもの姿を見た時」「下校後，ずっとファミコンをして，夜遅くまで寝ようとしない子どもの姿を見た時」「『早く学校に行かないと遅刻だよ！』と言うと，『うるせいなー，学校へ行かねえよ！』と子どもが叫ぶ時」等の，家庭でよくある「場面」を設定し，そのようなときにどのような声をかけるかをまず母親たちに書いてもらい，次に，そのような声をかけられたときに子どもがどのように感じるかをロールプレイで体験し，子どもとのコミュニケーションの改善の手がかりをつかむ方法が用いられている。効果は大きく，子どもたちは親の大きな変化を教師たちに報告したという。母親たちが，親としての苦労を共有できる仲間を見いだしたことも大きな意味をもったであろう。

　なお，親に対する人間関係訓練としては，わが国でもゴードン（1970）の親業訓練（Parent Effectiveness Training）が行われている。

4．子どもに対する心理教育

　子どもに対する心理教育とは，子どもの心理発達を促進するために，教師が授業のなかで用いることのできるプログラムである。アメリカ等では無数のプログラムが開発され実践されてきたが，わが国ではようやく導入され始めた段階にある。

　わが国で実際に行われている心理教育を，小学校教師である高橋（1996，1998）の構想に沿って紹介してみよう。

(1) 自分に気づく

　子どもたちのつたない対人関係やつたない自己表現の根底には，自分が何を感じているのかはっきりと気づいていないことがある。私たちは自分の感情をまず身体的感覚として感じているので，自分自身が感じていることへの「気づき」（awareness）を高めるときに，「からだ」は重要な窓口になる。そのために，たとえば，2人1組になって，一人が床に寝て，もう一人が寝ている子の腕を持ち，腕の重さを味わうという体験的技法がある。お互いの緊張が強いと，寝ている子の腕は止まったままで重

さはない。しかし，ゆったりと相手に任せられ，それをしっかり受け止められる関係が育つと，腕の重さが互いにつかめ，緊張が緩んでいくのもつかめる。子どもたちはしだいに自他のからだの「硬い」「柔らかい」状態に気づき，さらにからだの状態を通して，その背後にある「しんどい」「こわばっている」「安心している」等の感情状態にも鋭敏に気づくようになるという。このようなエクササイズを通して，子どものからだそのものが，柔らかで，しなやかなものになっていくという変化も重要である。なお，自分の気持ちへの気づきをうながす心理教育的な実践としては，その他に，心理療法分野で開発されたフォーカシング（focusing：自分自身のからだや心の奥深くにわだかまる感情過程に焦点を当て，それに近づいていく技法）を用いた，公立小学校での実践の報告もある（小林，1989）。

⑵　自分が感じたことを言葉にする

　からだや心が感じていることを敏感に感受する態勢ができあがった後で，さらにそれを「言葉」にして表現することは，自分が感じていることを明確に把握していくための重要な過程である。このような過程をうながすものとして，次のようなロールプレイの技法がある。

　無人島に行って不思議な卵を発見した場面を想定。変な卵を発見した場合と，素敵な卵を発見した場面の2つがある。一人の子どもが卵の役割を，数人の子どもが発見者の役割を演じ，次々と役割交換をしていく。変な卵を発見した場面では，卵に向かって嫌な言葉を投げかけられることが多いが，素敵な卵を発見した場面では，賞賛や賛嘆などのポジティブな言葉が投げかけられることが多い。仮想の場面ではあるが，卵の役割を演じた子どもは，「悲しみ」や「怒り」，あるいは「喜び」や「恥ずかしさ」や「信じられない」等の複雑でとらえがたいさまざまな気持ちに襲われる。それをぴったり表現する言葉を探し出すことによって，自分の感情をより明確に把握していくことができる。人からの働きかけによって自分のなかにどのような感情が湧いてくるかを明確に知ることによって，同じ状況にある他者の気持ちへの敏感さを学ぶことも多い。なお，自分の気持ちへの気づきとその言語化をうながす技法として，他に，「気持ちさがし」という教材もある。図20.1に示したクロスワードのなかから，気持ちを表す

は	ず	か	し	い	か	り	せ	お	く
じ	ぼ	な	し	あ	や	き	も	ち	ち
か	ら	み	き	き	よ	う	ふ	し	え
た	ど	き	げ	た	ま	あ	ふ	ろ	み
く	し	る	の	だ	い	す	き	い	い
る	み	し	な	か	さ	ば	げ	れ	け
し	い	に	う	び	ぶ	ぴ	ん	う	る
い	わ	こ	し	な	お	そ	ろ	し	い
か	ざ	い	お	つ	し	い	け	ん	し
ひ	つ	こ	み	じ	あ	ん	ふ	う	こ

●図20.1　「気持ちさがし」のクロスワード

言葉を見つけ出し，どんなときにそのような気持ちになったのかを，自分の体験のなかから書いてみるという方法である。公立小学校の教師である水原（1996）は，これをいじめ防止の働きかけの最初のステップとして用いている。

(3) 言葉や感情を表現する

　自分の内面で起こっていることに気づき，明確に把握した子どもたちが，それを表現する快さを体験するために，高橋は次のような独特の方法を用いている。

　谷川俊太郎の「ポイ」という詩を教材にし，2人1組になって，「すてちゃえ　ポイ」「きらいだ　ポイ」「やだやだ　ポイ」等の詩のなかの好きなフレーズを言いながら，丸めた体操着袋を相手に向けて投げつける。相手に言葉を感情をこめてぶつけられるようになったら，次に，相手を現実の誰かに想定して，ぶつけたい感情を言語化してみる（「お姉ちゃんのいじわる！」等）。しだいに，口うるさい母親，叱ってばかりいる父親，意地悪をする姉（兄）等に対する不満が噴き出してくる。子どもたちは，ファンタジーの世界のなかでの「ぶつける」「吐き出す」という活動を通して，自分のなかに潜んでいた感情に気づき，それを表現する快さを体験し，エネルギーを獲得していくという。自己表現を通して，自分が感じていることの輪郭がさらに明確になってくるという意味も大きい。

(4) 他者との関係のなかでの自己表現を考える

　自分の本当の気持ちに気づき，自分という「核」をしっかり形成していくとともに，そのようなあり方をする人間どうしの間に，深い関係，生産的なコミュニケーションが生まれるような自己表現の仕方を探究していくのが次の段階。

　このような探究をうながす方法の一つとして，自分のコミュニケーションを「あなたメッセージ」と「私メッセージ」という観点から考えてみる方法がある。たとえば，友だちに鉛筆を取られて怒ったときに，「（あなたは）泥棒！」「（あなたは）どうしてそんなことばかりするの！」「（あなたは）いつも人の勉強の邪魔ばかりして！」と，「あなた」を主語にして相手を非難するのが「あなたメッセージ」であり（13「教師の働きかけの特徴」参照），「返してくれないと，僕は困ってしまうんだ」「返してくれると，僕は助かるなあ」と「私（僕）」を主語にして私が感じていることをそのまま表現することが「私メッセージ」である。ロールプレイのなかで，さまざまな表現を試みながら，それに対して相手がどのような気持ちになるかをフィードバックしてもらって，互いの関係を高めるコミュニケーションを探究していくのである。

5. 心理教育の実践

　ここでは,「自己表現」という主題を中心にして心理教育の方法と実践を紹介してきたが, 心理教育の目的と方法そのものは, ここに述べたものをはるかに超える広がりをもっている。目的としては, たとえば, 自己受容, 他者理解, 自己統制, 社会的スキル, リーダーシップ, カウンセリング・スキル等を高めることが, また, 方法としては, 構成的エンカウンター・グループ, ソーシャル・スキル・トレーニング, アサーション・トレーニング, グループワーク・トレーニング, 心理劇(サイコドラマ)等が用いられ, わが国でもそれらが積極的に紹介されつつある(國分, 1996；石隈, 1999；外林, 1981；坂野, 1985)。

　しかし, その実施に際しては, 次のことに注意しておかねばならない。

　第一は, これらの方法が, 子どもの深い内面にふれるものであればあるほど, このような働きかけがもたらす「危険」に注意しておかねばならないことである。たとえば, 上述の実践でいえば,「変な卵」を演じ,「発見者」から罵倒や侮蔑の言葉を浴びることは, 辛い「いじめられ体験」を重ねてきて, その傷がいまだ癒えていない子どもにとっては, その傷口を広げる体験になってしまうかもしれない。口うるさい母親への怒りを意識し表現することは, それによって母親から離れ自分なりの世界をもつレディネスをもっていない子どもにとっては, 逆に, 解決困難な葛藤を抱えてしまうことになる。それぞれの子どもの個性や成長過程に十分な配慮を払いつつ, 実施しなければならない。

　第二は, これらの技法を使うことによって, 簡単に, その技法がめざすものを子どもが身につけることはないということである。たとえば, 上述の方法によって子どもたちに「自己表現」をうながしたとしても, 教師が普段の授業や生活のなかで子どもたちのさまざまな自己表現を大切にし, それを丁寧に受け止める一貫した姿勢をもっていなければ, これらの技法の意図するものが子どものなかに浸透していくことはない。教師の姿勢と哲学との関連が, いつも問われることになる。

さらに学ぶために――参考文献

1 部　小学生という時期

阿部和彦　1997『子どもの心と問題行動』日本評論社
ベネッセ教育研究所（編集・制作）『モノグラフ・小学生ナウ』（定期刊行）ベネッセコーポレーション
デーモン，W.（山本多喜司／編訳）1990『社会性と人格の発達心理学』北大路書房
エリクソン，E. H.（村瀬孝雄・近藤邦夫／訳）1989『ライフサイクル，その完結』みすず書房
井上健治・久保ゆかり（編）1997『子どもの社会的発達』東京大学出版会
川島一夫（編）1991『図でよむ心理学　発達』福村出版
近藤邦夫　1995『子どもと教師のもつれ』岩波書店
松村茂治・小林正幸（編）1998『教師のための電話相談』教育出版
ニューマン，B. M.・ニューマン，P. R.（福富　護／訳）1988『新版　生涯発達心理学――エリクソンによる人間の一生とその可能性』川島書店
斎藤次郎　1997『気分は小学生』岩波書店
横湯園子　1992『アーベル指輪のおまじない』岩波書店
1997「特集　なぜ小学高学年が"荒れる"のか」『ひと』298（11月号）太郎次郎社

2 部　小学生の成長と環境

石川憲彦ほか（編）1993『子どもたちが語る登校拒否――402人のメッセージ』世織書房
河原和枝　1998『子ども観の近代』中央公論社
河合隼雄　1980『家族関係を考える』（講談社現代新書）講談社
レインズ，S. G.（渡辺茂男／訳）1982『センダックの世界』岩波書店
村瀬嘉代子　1995『子どもと大人の心の架け橋――心理療法の原則と過程』金剛出版
村瀬嘉代子　1997『子どもと家族への援助――心理療法の実践と応用』金剛出版
小倉　清　1996『子どものこころ――その成り立ちをたどる』慶應義塾大学出版会
斎藤次郎　1998『「子ども」の消滅』雲母書房
園田雅代・中釜洋子　2000『子どものためのアサーション（自己表現）グループワーク――自分も相手も大切にする学校づくり――』日本・精神技術研究所
山本多喜司・ワップナー，S.（編著）1991『人生移行の発達心理学』北大路書房

3部　成長の節目としての危機

アッシャー，S. R.・クーイ，J. D.（編著）（山崎　晃・中澤　潤／監訳）1996『子どもと仲間の心理学——友だちを拒否するこころ』北大路書房

アクスライン，V.（岡本浜江／訳）1972『開かれた小さな扉——ある自閉児をめぐる愛の記録』日本リーダーズダイジェスト社

馬場謙一・福島　章・小川捷之・山中康裕（編）1985『子どもの深層』（日本人の深層分析 9）有斐閣

団　士郎・柴田長生・川崎二三彦・早樫一男・川畑　隆　1993『非行と家族療法』ミネルヴァ書房

古畑和孝　1983『よりよい学級をめざして——学級心理学の基本問題』学芸図書

伏見陽児・麻柄啓一　1993『授業づくりの心理学』国土社

畠瀬直子　1991「緘黙症児の遊戯療法」『カウンセリングと「出会い」』創元社

井上健治　1984『友だちができない子』岩波書店

伊藤隆二・橋口英俊・春日　喬（編）1994『学齢期の臨床心理学』（人間の発達と臨床心理学 3）駿河台出版

岩田純一　1997「やる気をひきだす学習環境」『児童心理』675（臨時増刊），金子書房，3-14頁

河合隼雄　1995『臨床教育学入門』（子どもと教育）岩波書店

小林　剛　1985『いじめを克服する』有斐閣

近藤邦夫　1994『教師と子どもの関係づくり——学校の臨床心理学』東京大学出版会

教育科学研究会・横湯園子（編）1997『不登校・登校拒否は怠け？　病い？』国土社

松村茂治　1994『教室でいかす学級臨床心理学』福村出版

森田洋司・清永賢二　1986『いじめ——教室の病』金子書房

村瀬孝雄　1984『中学生の心とからだ——思春期の危機をさぐる』岩波書店

永井　撤　1996『不登校の心理——カウンセラーの立場から』サイエンス社

中沢たえ子　1992『子どもの心の臨床——心の問題の発生予防のために』岩崎学術出版社

西林克彦　1994『間違いだらけの学習論——なぜ勉強が身につかないか』新曜社

西野泰広・田島啓子・田島信元・手島茂樹・田嶋善郎（編著）1986『ちょっと気になる子どもたち』福村出版

小川捷之・齋藤久美子・鑪　幹八郎（編）1994『ライフサイクル』（臨床心理学体系 3）金子書房

小倉　清　1996『子どものこころ——その成り立ちをたどる』慶應義塾大学出版会

岡　真史　1985『僕は12歳』（新編）（ちくま文庫）筑摩書房

オルウェーズ，D.（松井賚夫／ほか訳）1995『いじめこうすれば防げる——ノルウェーにおける成功例』川島書店

佐藤公治　1996「学習の動機づけ・社会的文脈」波多野誼余夫（編）『発達と学習』（認知心

理学　5）東京大学出版会，221-247頁

司馬理英子　1997『のび太・ジャイアン症候群——いじめっ子，いじめられっ子は同じ心の病が原因だった』主婦の友社

下坂幸三ほか　1983『食・性・精神』（岩波講座精神の科学　5）岩波書店

竹内常一　1987『子どもの自分くずしと自分つくり』東京大学出版会

詫摩武俊　1995『いじめ——のりこえるにはどうするか』（思春期のこころのSOS）サイエンス社

津守房江　1984『育てるものの目』婦人の友社

氏原　寛・菅　佐和子（編）1998『思春期のこころとからだ』ミネルヴァ書房

渡辺弥生　1996『ソーシャル・スキル・トレーニング』（講座サイコセラピー　11）日本文化科学社

ワーチ，J. V. C.（田島信元・佐藤公治・茂呂雄二・上村佳世子／訳）1995『心の声——媒介された行為への社会文化的アプローチ』福村出版

山田和夫　1992『青少年の現代的理解——その臨床病理とカウンセリング』第三文明社

山中康裕　1978『少年期の心』（中公新書）中央公論社

山下英三郎　1989『虹を見るために——不登校児たちの伴走車として』黎明書房

横湯園子　1985『登校拒否——新たなる旅立ち』新日本出版社

4部　子どもの成長と変容への支援

新井邦二郎（編著）1995『教室の動機づけの理論と実践』金子書房

蘭　千壽・古城和敬（編）1996『教師と教育集団の心理』（対人行動学研究シリーズ　2）誠信書房

ブロフィ，J. E.・グッド，T. L.（浜名外喜男・蘭　千壽・天根哲治／訳）1985『教師と生徒の人間関係』北大路書房

土居健郎　1977『方法としての面接』医学書院

渕上克義　1992『学校組織の人間関係』ナカニシヤ出版

渕上克義　1995『学校が変わる心理学』ナカニシヤ出版

藤井誠二　1998『学校の先生には見えないこと』ジャパンマシニスト

藤田　修（編著）1998『普通学級での障害児教育』明石書店

古畑和孝　1983『よりよい学級をめざして——学級心理学の基本問題』学芸図書

古城和敬　1990「学級・学校の社会的風土」大坊郁夫・安藤清志・池田謙一（編）『社会心理学パースペクティブ　2——人と人とを結ぶとき』誠信書房，237-249頁

ゴードン，T.（奥沢良雄ほか／訳）1985『教師学——効果的な教師-生徒関係の確立』小学館

グリーンバーグ，D.（大沼安史／訳）1996『「超」学校——これが21世紀の教育だ』一光社

浜名外喜男（編）1988『教師が変われば子どもも変わる』北大路書房

平木典子 1989『カウンセリングの話』朝日新聞社
ホルト，J.C.（大沼安史／訳）1987『教室の戦略――子どもたちはどうして落ちこぼれるか』一光社
堀尾輝久・久富善之（編）1996『学校文化という磁場』（講座学校 6）柏書房
稲越孝雄・岩垣 攝・根本橘夫（編著）1991『学級集団の理論と実践――教育学と教育心理学の統合的発展をめざして』福村出版
石崎朝世 1996『落ち着きのない子どもたち』鈴木出版
河合隼雄 1985『カウンセリングを語る』（上・下）創元社
河合隼雄 1997『子どもと悪』（今ここに生きる子ども）岩波書店
小林純一 1979『カウンセリング序説』金子書房
國分康孝 1991『カウンセラーのための6章』誠信書房
國分康孝（監修），岡田 弘（編）1996『エンカウンターで学校が変わる――小学校編』図書文化
國分康孝・門田美惠子 1996『保健室からの登校――不登校児への支援モデル』誠信書房
近藤邦夫 1994『教師と子どもの関係づくり――学校の臨床心理学』東京大学出版会
倉光 修（編）1998『その活動とネットワーキング』（臨床心理士のスクールカウンセリング 2）誠信書房
日下知久（編著）1998『児童福祉総論』保育出版社
教育科学研究会（編）1994『教師』（現代社会と教育 5）大月書店
文部省中学校課高等学校課（編集）1999『中等教育資料〔特集〕平成8・9年度スクールカウンセラー活用調査研究委託研究収録』文部省
森永良子・上村菊朗 1992『LD-学習障害』医歯薬出版
森田洋司 1991『「不登校」現象の社会学』学文社
村山正治・山本和郎（編）1998『全国の活動の実際』（臨床心理士のスクールカウンセリング 3）誠信書房
尾崎 新 1997『対人援助の技法――「曖昧さ」から「柔軟さ・自在さ」へ』誠信書房
佐伯 胖・汐見稔幸・佐藤 学 1992『学校を問う』（学校の再生をめざして 1）東京大学出版会
佐伯 胖・汐見稔幸・佐藤 学 1992『教室の改革』（学校の再生をめざして 2）東京大学出版会
佐治守夫 1996『カウンセラーのこころ』みすず書房
佐治守夫（監修），岡村達也・加藤美智子・八巻甲一（編著）1995『思春期の心理臨床――学校現場に学ぶ「居場所」つくり』日本評論社
坂野公信（監修），日本学校グループワークトレーニング研究会 1985『学校グループワークトレーニング』遊戯社
坂野雄二 1995『認知行動療法』日本評論社
佐藤 学 1999『教育の方法』NHK出版

外林大作・千葉ロールプレイング研究会 1981『教育現場におけるロール・プレイングの手引き』誠信書房
祐宗省三・春木　豊・小林重雄（編）1984『新版　行動療法入門』川島書店
田淵　優 1990『障害児の保育と教育』建帛社
竹田契一ほか 1997『LD児の言語コミュニケーション障害の理解と指導』日本文化科学社
滝　充 1996『「いじめ」を育てる学級特性──学校がつくる子どものストレス』明治図書
鑪　幹八郎 1977『試行カウンセリング』誠信書房
東京学芸大学教育学部付属世田谷小学校 1996『個のよさが生きる学校』東洋館出版
山口　薫・金子　健 1993『特殊教育の展望──21世紀に向けて』日本文化科学社
山本和郎 1986『コミュニティ心理学──地域臨床の理論と実際』東京大学出版会
山下　格 1996『精神医学ハンドブック──医学・保健・福祉の基礎知識』（新版）日本評論社
内山喜久雄 1996『臨床教育相談学』金子書房
上野一彦ほか（編）1996『LDとは』（LD教育選書 1）学習研究社
上野一彦・中根　晃（編）1996『LDとは何か』（わかるLDシリーズ 1）日本文化科学社
ユネスコ（監修）1998『ユネスコが目指す教育──一人一人を大切にした学級経営』田研出版
渡辺三枝子 1996『カウンセリング心理学』ナカニシヤ出版
ワトスン，E.（山中康裕／訳）1999『天使と話す子』BL出版
柚木　馥 1998『知的障害者の法外小規模施設における教育実践』コレール社

引用・参考文献

1 小学生の現在
江川玟成ほか（編著）1999『最近教育キーワード137』（第8版）時事通信社
堀家由妃代 1997「子どもの変化と学校教師の課題――小学校教員の回答から」『子どもの変化と学校教師の課題――兵庫県A市におけるインタビュー調査から』（平成8年度文部省特定研究費報告書，研究代表者：志水宏吉）
今泉　博 1995「困難は新しい視点と発想を生みだす」横尾浩一（編著）『教師が飛躍するとき』学陽書房
樫村　悌 1992「無気力な子どもに疲れて――「ねばならぬ」自分からの開放」関根正明（編著）『「教師を辞めたい」ときに』学陽書房
文部省大臣官房調査統計企画課 1999『平成10年度　学校保健統計調査報告書』
斎藤次郎 1997『気分は小学生』岩波書店
清水一彦（編集代表）1999『教育データランド　1999→2000』時事通信社
総務庁青少年対策本部（編）1997『日本の青少年の生活と意識――青少年の生活と意識に関する基本調査報告書』
総務庁青少年対策本部（編）1999『平成10年度版　青少年白書』

2 小学生期の発達の諸側面
阿部和彦 1997『子どもの心と問題行動』日本評論社
Damon, W. 1983 *Social and Personality Development*. New York : W. W. Norton.（山本多喜治／編訳，1990『社会性と人格の発達心理学』北大路書房）
Damon, W. & Hart, D. 1988 *Self-understanding in childhood and adolescence*. New York : Cambridge University Press.
Erikson, E. H. 1982 *The Life Cycle Completed : A Review*. New York : W. W. Norton.（村瀬孝雄・近藤邦夫／訳，1989『ライフサイクル，その完結』みすず書房）
伊藤忠弘・平林秀美 1997「向社会的行動の発達」井上健治・久保ゆかり（編）『子どもの社会的発達』東京大学出版会
James, W. 1892 *Psychology, Briefer Course*. New York : Henry Holt.（今田　寛／訳，1992『心理学』上，岩波文庫，岩波書店）
幸田敦子 1991「言葉の発達」［新・保母養成講座］編纂委員会（編）『児童心理学』（新・保母養成講座　第3巻）全国社会福祉協議会
文部省大臣官房調査統計企画課 1999『平成10年度　学校保険統計調査報告書』
岡本夏木 1985『ことばと発達』（岩波新書）岩波書店
Piaget, J. 1952 *La psychologie de l'intelligence*. Paris : Librairie Armand Colin.（波多野完

治・滝沢武久／訳，1989『知能の心理学』みすず書房）
山崎晃資 1993『臨床児童青年精神医学入門』財団法人安田生命社会事業団

3 家族と友人

Carter, B. & McGoldrick, M.(Eds.). 1989 *The Changing Family Life Cycle : Framework for Family Therapy* (2nd ed.). Boston : Allyn & Bacon.
Erikson, E. H. 1963 *Childhood and Society*. New York : W. W. Norton. (仁科弥生／訳，1977，1980『幼児期と社会』Ⅰ・Ⅱ，みすず書房）
Hadfield, J. A. 1962 *Childhood and adolescence*. Harmondsworth, Middlesex : Penguin Books.
平木典子 1998『家族との心理臨床』（心理臨床セミナー 2）垣内出版
保坂 亨 1996「子どもの仲間関係が育む親密さ」平木典子（編）『現代のエスプリ』353（特集：親密さの心理）至文堂，43-51頁
保坂 亨 1998「児童期・思春期の発達」下山晴彦編『発達と臨床援助の心理学』（教育心理学 2）東京大学出版会
河合隼雄 1980『家族関係を考える』（講談社現代新書）講談社
近藤邦夫 1994『教師と子どもの関係づくり──学校の臨床心理学』東京大学出版会
村瀬嘉代子 1995『子どもと大人の心の架け橋──心理療法の原則と過程』金剛出版
村瀬嘉代子 1997『子どもと家族への援助──心理療法の実践と応用』金剛出版
中釜洋子 1997「仲間に入りたくても入れない子」『児童心理』675（特集：集団になじめない子）金子書房，43-48頁
中釜洋子 1998「家族のライフサイクル 1」『心の健康』46（505）
小倉 清 1996『子どものこころ──その成り立ちをたどる』慶應義塾大学出版会
大橋 薫ほか（執筆）1985『家族と社会』（親子関係の理論 2）岩崎学術出版社
岡堂哲雄 1991『家族心理学講義』金子書房
太田 仁 1998『家族をつなぐカウンセリング──家族と自分にやさしくなるために』金子書房
高橋惠子 1983「対人関係」三宅和夫ほか（編）『波多野・依田児童心理学ハンドブック』金子書房
高橋道子・藤﨑眞知代ほか 1993『子どもの発達心理学』新曜社
渡辺久子・小倉 清ほか 1995『乳幼児──ダイナミックな世界と発達』安田生命社会事業団
Winnicott, D. W. 1971 *Playing and Reality*. London : Tavistock Publication Ltd. (橋本雅雄／訳，1979『遊ぶことと現実』岩崎学術出版社）
山中康裕 1985『親子関係と子どものつまづき』岩波書店

4　環境としての学校

Erikson, E. H. 1977 *Toys and Reasons : Stages in the Ritualization of Experience.* New York : W. W. Norton（近藤邦夫／訳，1981『玩具と理性――経験の儀式化の諸段階』みすず書房）

石川憲彦ほか（編）1993『子どもたちが語る登校拒否――402人のメッセージ』世織書房

近藤邦夫 1994『教師と子どもの関係づくり――学校の臨床心理学』東京大学出版会

佐藤　学 1997「教育という実践」天野郁夫（編）『教育への問い』東京大学出版会

山本和郎 1975「学校に行かない子」佐々木正美（編）『いわゆる登校拒否について』安田生命社会事業団

5　子ども文化

アリエス，P.（杉山光信・杉山恵美子／訳）1980『〈子供〉の誕生――アンシャン・レジーム期の子どもと家族生活』みすず書房

樋田大二郎 1994「中学校の生徒文化――学校化された子どもたちの空間」木原孝博（編）『社会的自立を目指す生徒指導』第一法規

樋田大二郎 1999「児童・生徒の逸脱行動」『第9回東京都子ども基本調査』東京都生活文化局

今津孝次郎・樋田大二郎（編著）1997『教育言説をどう読むか――教育を語ることばのしくみとはたらき』新曜社

小浜逸郎 1985『教育の現象学のために』三一書房

小浜逸郎 1991『症状としての学校言説』JICC出版局

ミード，M.（畑中幸子／訳）1976『サモアの思春期』蒼樹書房

村山　実 1989「豊かな人間性を育てる学校教育相談」『月刊生徒指導』1月増刊号，学事出版

佐々木　賢 1984『学校を疑う』三一書房

諏訪哲二 1990『反動的』JICC出版局

山口真人・津村俊充（編著）1992『人間関係トレーニング』ナカニシヤ出版

由紀草一・夏木　智 1980『学校の現在』大和書房

6　学びと体験

岩田純一 1996「集中力を発揮する『心の居場所』づくり」『児童心理』654，33-39頁，金子書房

梶田正巳 1998『勉強力をつける』（ちくま新書）筑摩書房

塚野弘明 1984「加減算の文章題の理解と事態認識」（昭和55年度文部省科学研究費補助金一般研究報告書，代表者：佐伯　胖）

7 帰属集団としての同性友人集団

Berndt, T. J. 1989 Obtaining support from friends during childhood and adolescence. In D. Belle(ed.), *Children's Social Networks and Social Supports*. New York : Wiley.

Buhrmester, D. & Furman, W. 1986 The Changing Functions of Friends in Childhood : A Neo-Sullivanian Perspective. In V. J. Derlega et al.(eds), *Friendship and Social Interaction*, New York : Springer-Verlag.

Cowen, E. L., Pederson, A., Babigian, H., Izzo, L. D. & Trost, M. A. 1973 Long-term follow-up of early detected vulnerable children. *Journal of Consulting and Clinical Psychology*, 41, 438-446.

井上健治 1984『友だちができない子』岩波書店

Newcomb, A. F. & Bagwell, C. L. 1995 Children's friendship relations : A meta-analytic review. *Psychological Bulletin*, 117, 306-347.

Newcomb, A. F., Bukowski, W. M. & Pattee, L. 1993 Children's peer relations : A meta-analytic review of popular, rejected, neglected, controversial, and average sociometric status. *Psychological Bulletin*, 113, 99-128.

Sullivan, H. S. 1953 *The Interpersonal Theory of Psychiatry*. New York : W. W. Norton. (中井久夫ほか/訳, 1990『精神医学は対人関係論である』みすず書房)

依田 新(監修)1979『新・教育心理学事典』金子書房

8 性的成熟の開始

ベネッセ教育研究所(編集・制作)1994「こどもと人間関係」『モノグラフ・小学生ナウ』14(1) ベネッセコーポレーション

ベネッセ教育研究所(編集・制作)1996「ジェンダー・バイアス」『モノグラフ・小学生ナウ』16(1) ベネッセコーポレーション

女性ライフサイクル研究所(編)1997『子ども虐待の防止力を育てる──子どもの権利とエンパワメント』法政出版

柏木惠子・高橋惠子(編著)1995『発達心理学とフェニミズム』ミネルヴァ書房

日本子どもを守る会(編)『子ども白書〈1996年版〉──「自分づくり」の危機 奪われる子ども期』草土文化

日本総合愛育研究所(編)1998『日本子ども資料年鑑 6 1998/99』KTC中央出版

西山 詮・稲村 博(責任編集)1988『性』(親と教師のための思春期学 2)情報開発研究所

坂口せつ子・山本直英 1992『子どもが主役の性教育』青木書店

東京都幼稚園・小・中・高・心障性教育研究会(編)1996『児童・生徒の性──東京都幼・小・中・高・心障学級・養護学校の性意識・性行動に関する調査報告』学校図書

内山 源(監修),渡辺邦太郎 1992『すぐ役立つ性教育授業のすすめ』ぎょうせい

山本直英(監修)1994『心とからだの主人公に──障害児の性教育入門』大月書店

山村賢明（責任編集）1988『思春期とは何か』（親と教師のための思春期学　1）情報開発研究所
1997「思春期の心理と行動——『むずかしい年ごろ』とどうつきあうか」『児童心理』2月号臨時増刊，金子書房

9　甘えと独立のはざまで
ブロス，P.（野沢英司／訳）1971『青年期の精神医学』誠信書房
エリクソン，E. H.（仁科弥生／訳）1997『幼児期と社会』（Ⅰ・Ⅱ）みすず書房
加藤正明（編集代表）1993『精神医学事典』（新版）弘文堂
マーラー，M.（高橋雅士ほか／訳）1981『乳幼児の心理的誕生——母子共生と個体化』黎明書房
村瀬嘉代子　1994「こどもから見た親・夫婦——心理療法的観点から」『精神療法』20（2）金剛出版
中沢たえ子　1992『子どもの心の臨床——心の問題発生予防のために』岩崎学術出版社
小川捷之・斉藤久美子・鑪　幹八郎（編集）1990『ライフサイクル』（臨床心理学体系　3）金子書房
氏原　寛・小川捷之・東山紘久・村瀬孝雄・山中康裕（編）1992『心理臨床大事典』培風館
山本多喜司・ワップナー，S.（編著）1992『人生移行の発達心理学』北大路書房
山村賢明（責任編集）1988『思春期とは何か』（親と教師のための思春期学　1）情報開発研究所
1999「思春期の揺らぎと危機——どう行動を理解し対応するか」『児童心理』2月号，金子書房

10　問題行動を通して子どもが訴えるものⅠ
アメリカ精神医学会（編）（高橋三郎・大野　裕・染矢俊幸／訳，1994『DSM-Ⅳ　精神疾患の分類と診断の手引』医学書院
上林靖子　1999「ADHDと家族」『こころの科学』85（特別企画：現代の家族）日本評論社，45-50頁
上野一彦　1984『教室のなかの学習障害——落ちこぼれを生まない教育を』（有斐閣新書）有斐閣
上野一彦（編）1987『学習障害児の相談室——つまづきやすい子どもの教育』（有斐閣選書）有斐閣

11　問題行動を通して子どもが訴えるものⅡ
Axline, V. M. 1947 *Play Therapy*. Boston : Houghton Mifflin.（小林治夫／訳，1972『遊戯療法』岩崎学術出版社）
近藤邦夫　1994『教師と子どもの関係づくり——学校の臨床心理学』東京大学出版会

前川あさ美 1995a「いい子の影法師」(子どもの心のメッセージ 3)『月刊学校教育相談』6月号,ほんの森出版
前川あさ美 1995b「からだの打ち明け話」(子どもの心のメッセージ 4)『月刊学校教育相談』8月号,ほんの森出版

12 モデルとしての教師

Ames, C. & Archer, J. 1988 Achievement goals in the classroom: Student learning strategies and motivation process. *Journal of Educational Psychology*, 69, 1-8.
ベネッセ教育研究所(編集・制作)1995「学級担任と子どもたち」『モノグラフ・小学生ナウ』14 (6),ベネッセコーポレーション
ベネッセ教育研究所(編集・制作)1996「生徒と学級担任」『モノグラフ・中学生の世界』53,ベネッセコーポレーション
浜名外喜男・天根哲治・木山博文 1983「教師の勢力資源とその影響度に関する教師と児童の認知」『教育心理学研究』31 (3),220-228頁
速水敏彦・高村和代・陳 恵貞・浦上昌則 1996「教師から受けた感動体験」『名古屋大学教育学部紀要(教育心理学科)』43,51-63頁
ホルト,J.(吉柳克彦/訳)1987『子どもたちはいかに学ぶか』一光社
井上 毅 1993「看板をおろしたら教育が楽しくなった」教育科学研究会(編)『教師』(現代社会と教育 5)大月書店,268-283頁
Jackson, P. W. 1968 *Life in classrooms*. New York: Holt, Rinehart & Winston.
河村重雄・國分康孝 1996「小学校における教師特有のビリーフについての調査研究」『カウンセリング研究』29,44-54頁
岸田元美 1987『教師と子どもの人間関係——教育実践の基盤』教育開発研究所
近藤邦夫 1996「"教師という役割"と教師・生徒関係——教師と子どもの人間関係を中心にして」堀尾輝久・久冨善之ほか(編)『学校文化という磁場』(講座学校 6)柏書房,44-71頁
ランパート,M.(秋田喜代美/訳)1990「真正の学びを創造する——数学がわかることと数学を教えること」佐伯 胖・藤田英典・佐藤 学(編)『学びへの誘い』(シリーズ学びと文化 1)東京大学出版会,189-234頁
ノディングス,N.(立山善康ほか/訳)1997『ケアリング:倫理と道徳の教育——女性の観点から』晃洋書房
横湯園子 1993「強迫パーソナリティ時代の教師——救いへの模索の一つになれば」教育科学研究会(編)『教師』(現代社会と教育 5)大月書店,86-110頁
吉田寿夫 1995「教師と子どもの関係」小石川寛文(編)『児童期の人間関係』(人間関係の発達心理学 3)培風館,93-120頁

13 教師の働きかけの特徴

Gordon, T. 1974 *Teacher Effectiveness Training*. New York: P. H. Wyden.(奥沢良雄ほ

か／訳，1985『教師学——効果的な教師‐生徒関係の確立』小学館）
近藤邦夫 1996「"教師という役割"と教師‐生徒関係——教師と子どもの人間関係を中心にして」堀尾輝久・久冨善之（編）『学校文化という磁場』（講座学校 6）柏書房

14 学級集団づくり

蘭 千壽 1992「セルフ・エスティームの変容と教育指導」遠藤辰雄・井上祥治・蘭 千壽（編）『セルフ・エスティームの心理学——自己価値の探求』ナカニシヤ出版，200-226頁

Byrne, B. M. 1994 Burnout : testing for the validity, replication, and invariance of causal structure across elementary, intermediate, and secondary teachers. *American Educational Research Journal*, 31, 645-673.

Cheng, Y. C. 1994 Classroom environment and student affective performance : An effective profile. *Journal of Experimental Education*, 62, 221-239.

Haertel, G. D., Walberg, H. J. & Haertel, E. H. 1981 Socio-psychological environments and learning : a quantitative synthesis. *British Educational Research Journal*, 7, 27-36.

Haynes, N. M., Comer, J. P. & Hamilton-Lee, M. 1989 School climate enhancement through parental involvement. *Journal of School Psychology*, 27, 87-90.

Humphrey, L. L. 1984 Children's self-control in relation to perceived social environment. *Journal of Personality and Social Psychology*, 46, 178-188.

伊藤亜矢子 1999「学級風土質問紙作成の試み——学級風土を捉える尺度の帰納的な抽出」『コミュニティ心理学研究』2，104-118頁

伊藤亜矢子・松井 仁 1998「学級風土研究の意義」『コミュニティ心理学研究』2，55-56頁

金井壽宏 1991『変革型ミドルの探求——戦略・革新指向の管理者行動』白桃書房

Lewin, K., Lippitt, R. & White, R. K. 1939 Patterns of aggressive behavior in experimentally created "social climates". *The Journal of Social Psychology*, 10, 271-299.

三隅二不二 1966『新しいリーダーシップ——集団指導の行動科学』ダイヤモンド社

Moos, R. H. 1979 *Evaluating Educational Environments*. San Francisco : Jossey-Bass Publishers.

Moos, R. H. & Moos, B. S. 1978 Classroom social climate and student absences and grades. *Journal of Educational Psychology*, 70, 263-269.

Nelson, G. 1984 The relationship between dimensions of classroom and family environments and the self-concept, satisfaction, and achievement of grade 7 and 8 students. *Journal of Community Psychology*, 12, 276-287.

岡田 弘（編）1996『エンカウンターで学級が変わる（小学校編）——グループ体験を生かした楽しい学級づくり』図書文化

Rogers, C. R. 1969 *Freedom to Learn*. Ohio : Charles E. Merrill Publishing Company.（友田不二男／編，伊藤 博・古屋健治・吉田筈子／訳，1972『創造への教育 （上）——学習

心理への挑戦』ロージャズ全集22，岩崎学術出版社)
Toro, P. A., Cowen, E. L., Gesten, E. L., Weissberg, R. P., Rapkin, B. D. & Davidson, E. 1985 Social environmental predictors of children's adjustment in elementary school classrooms. *American Journal of Community Psychology*, 13, 353-364.
渡邉亜矢子 1994「学級風土の事例的検討の試み――学級風土が教師に及ぼす影響を中心に」『東京大学教育学部心理教育相談室紀要』16，113-128頁
吉崎静夫 1978「教師のリーダーシップと学級の集団勢力構造に関する研究」『心理学研究』49，22-29頁

15　学校内での支援体制

上里一郎 1998「大学院指定制度」『臨床心理士報』10，(財) 日本臨床心理士資格認定協会
石隈利紀 1995「スクールカウンセラーと学校心理学」村山正治・山本和郎 (編)『スクールカウンセラー――その理論と展望』ミネルヴァ書房
河合隼雄 1979『生徒指導とカウンセリング』ミネルヴァ書房
小島 勇 1998「ある教師へのコンサルテーションのとり組み――崩壊したクラスが再生するまで」『カウンセリング研究』31 (2)
近藤邦夫 1994『教師と子どもの関係づくり――学校の臨床心理学』東京大学出版会
近藤邦夫 1995『子どもと教師のもつれ――教育相談から』(子どもと教育) 岩波書店
近藤邦夫 1995「スクールカウンセラーと学校臨床心理学」村山正治・山本和郎 (編)『スクールカウンセラー――その理論と展望』ミネルヴァ書房
教育と医学の会 (編集)『これからの学校保健』慶應義塾大学出版会
文部省 1998 中央教育審議会答申「新しい時代を拓く心を育てるために――次世代を育てる心を失う危機」
文部省 1998 初等中等教育局通知「児童生徒の問題行動への対応のための校内体制の整備等について」
文部省中学校課高等学校課 (編集) 1999『中等教育資料』(特集：平成8・9年度スクールカウンセラー活用調査研究委託研究収録) 大日本図書
文部省初等中等教育局中学校課 1998「生徒指導上の諸問題の現状と文部省の施策について」
村山正治 1998「スクールカウンセラー活用事業」『臨床心理士報』10，(財) 日本臨床心理士資格認定協会
村山正治・山本和郎 (編) 1995『スクールカウンセラー――その理論と展望』ミネルヴァ書房
日本教育心理学会 1999「『学校心理士』を申請される皆様へ　1999年度手引き」
岡本淳子 1998「保健室登校の子どもにどう対応するか」『学校健康フォーラム』2 (3) (特集：今，問われている保健室経営とは) 健学社
岡本淳子ほか 1999『いじめ問題の解決に向けて，自己表現を促す試み――中学生を対象にしたグループ・ディスカッションを通して』東京都立教育研究所

東京都立教育研究所東京都総合教育相談室・東京都立多摩教育研究所教育相談室編「教育相談事業概況」都立教育研究所相談部
鵜養美昭 1995「スクールカウンセラーとコミュニティ心理学」村山正治・山本和郎（編）『スクールカウンセラー——その理論と展望』ミネルヴァ書房
鵜養美昭・鵜養啓子 1997『学校と臨床心理士——心育ての教育をささえる』ミネルヴァ書房
渡辺三枝子 1996「アメリカにおける『学校カウンセリング』の現状と展望」『明治学院論叢心理学紀要』577
ヤギ，D.（上林靖子／監修）1998『スクールカウンセリング入門——アメリカの現場に学ぶ』勁草書房
山本和郎 1986『コミュニティ心理学——地域臨床の理論と実際』東京大学出版会
山本和郎 1999「学校保健と養護教諭」『教育と医学』

16 外部の関連機関との連携

愛知県豊田児童相談所・豊田加茂児童福祉協議会 1999『平成10年版 児童相談』
日下知久（編著）1998『児童福祉総論』保育出版社
氏原 寛・小川捷之・東山紘久・村瀬孝雄・山中康裕（共編）1992『心理臨床大事典』培風館

17 発達を保証する補償・治療教育

アメリカ教育省ホームページ（http://www.ed.gov）
文部科学省ホームページ（http://www.mext.go.jp）
文部省 1999 学習障害及びこれに類似する学習上の困難を有する児童生徒の指導方法に関する調査研究協力者会議報告「学習障害に対する指導について」
文部省初等中等教育局特殊教育課 1997「特殊教育資料」
太田昌孝（編）1997『こころの科学』73（特集：発達障害）日本評論社
田淵 優 1990『障害児の保育と教育』建帛社
高橋三郎ほか（訳）1995『DSM-IV 精神疾患の分類と診断の手引き』医学書院
柘植雅義 2004『学習者の多様なニーズと教育政策』勁草書房
上野一彦（編）1992『こころの科学』42（特集：学習障害）日本評論社
ユネスコ（監）1998『ユネスコが目指す教育——一人一人を大切にした学級形営』田研出版
WHO（編）（融 道男ほか／訳）1993『ICD-10 精神及び行動の障害——臨床記述と診断ガイドライン』医学書院
山口 薫・金子 健 2000「特殊教育の展望——障害児教育から特別支援教育へ」日本文化科学社
山崎晃資（編）1998『こころの科学』81（特集：特殊教育）日本評論社
山崎晃資ほか 1995「子どもの発達とその障害——世界の子どもは，今」放送大学教育振興

会

18 成長・変容を支えるさまざまな心理技法 I

Herr, L. E. & Cramer, S. 1988 *Career Guidance and Counseling Through the Life Span : Systematic Approaches* (3rd ed.). Glenview Ill : Scott Foresman.

國分康孝 1996『カウンセリングの原理』誠信書房

中村雄二郎 1984『述語集』岩波書店

Rogers, C. R. 1957 The Necessary and Sufficient Conditions of Therapeutic Personality Change. *Journal of Consultant Psychology*, 21, 95-103.

渡辺三枝子 1996『カウンセリング心理学』ナカニシヤ出版

山本和郎 1986『コミュニティ心理学』東京大学出版会

19 成長・変容を支えるさまざまな心理技法 II

Allen, K. E., Hart, B., Buell, J. B., Harris, F. R. & Wolf, M. M. 1964 Effect of social reinforcement on isolate behavior of nursery school child. *Child Development*, 35, 511-518.

Ayllon, T. & Roberts, M. D. 1974 Eliminating discipline problems by strengthening academic performance. *Journal of Applied Behavior Analysys*, 7, 71-76.

Bandula, A., Ross, D. & Ross, S. A., 1963 Imitation of film-mediated agressive models. *Journal of Abnormal and Social Psychology*, 66, 3-11.

Goodwinn, D. L., & Coates, T. J. 1976 *Helping students help themselves.* Cliff, NJ : Prentice Hall.

Jones, M. C. 1924 A laboratory study of children's fear : The case of Peter. *Pedagogical Seminary*, 31, 308-315.

松村茂治 1992「場面緘黙児の発話行動を促進するための学校場所におけるフェーディング法の適用」『行動療法研究』18 (1)，47-69頁

松村茂治 1998「クラスのなかの場面緘黙――緘黙児とクラスの子どもたちとのふれあい」『東京学芸大学教育学部附属教育実践総合センター研究紀要』22，75-91頁

Meichenbaum, D. & Goodman, J. 1971 Training impulsive children to talk to themselves : A means of developing self-control. *Journal of Abnormal Psychology*, 77, 115-126.

O'Conner, R. D. 1969 Modification of social withdrawal through symbolic modeling. *Journal of Applied Behavior Analysys*, 2, 15-22.

Watson, J. B. & Rayner, R. 1920 Conditioned emotive reactions. *Journal of Experimental Psychology*, 3, 1-14.

Wolpe, J. 1958 *Psychotherapy by Reciprocal inhibition.* Stanford, California : Stanford University Press.（金久卓也／監訳，1977『逆制止による心理療法』誠信書房）

20 成長・変容をうながす心理教育

Gordon, T. 1970 *P. E. T. : Parent Effectiveness Training*. New York : Wyden.（近藤千恵／訳，1977『親業』サイマル出版会）

Gordon, T. 1974 *Teacher Effectiveness Training*. New York : Wyden.（奥沢良雄ほか／訳，1985『教師学——効果的な教師-生徒関係の確立』小学館）

石隈利紀 1999『学校心理学』誠信書房

川合　正 2000「学校と親子の関わり」近藤邦夫ほか（編著）『学校臨床の展開』東京大学出版会

河津雄介 1991「学習の心理臨床——①授業における学習の心理臨床：個性開花の学習」乾吉佑ほか（編）『教育心理臨床』星和書店

小林昇治 1989「フォーカシングの小学生への適用とその効果に関する研究」『フォーカシング・フォーラム』5（2）

國分康孝（監修），岡田　弘（編）1996『エンカウンターで学校が変わる——小学校編』図書文化

水原浩一（編著）1996『友達ってええなあ　心の通い合うクラスづくり——いじめを考える』ぱすてる書房

坂野公信（監修），日本学校グループワークトレーニング研究会 1985『学校グループワークトレーニング』遊戯社

外林大作・千葉ロールプレイング研究会 1981『教育現場におけるロール・プレイングの手引き』誠信書房

高橋あつ子 1996「自分に気づき，表現することを学ぶ授業」『月刊学校教育相談』ほんの森出版

高橋あつ子 1998「学級経営をカウンセリング的発想で活性化する」『児童心理』臨時増刊（特集：スクールカウンセリング入門），金子書房

谷川俊太郎 1986『あたしのあ，あなたのア』太郎次郎社

索　　引

【人名】

あ

アクスライン　Axline, V.M.　75
阿部和彦　11
蘭　千壽　99
アリエス　Ariés, P.　32
アレン　Allen, K.E.　133
石川憲彦　27
石隈利紀　106
伊藤亜矢子　96, 97
伊藤忠弘　13
井上健治　44
井上　毅　86, 88
今泉　博　3
今津孝次郎　32
岩田純一　38
ウィニコット　Winnicott, D.W.　19
ウォルピ　Wolpe, J.　132
エイロン　Ayllon, T.　134
エリクソン　Erikson, E.H.　14, 25, 56, 59
岡田　弘　99
岡本夏木　13
オコーナー　O'Conner, R.D.　134

か

梶田正巳　37
樫村　悌　3
カーター　Carter, B.　18
金井壽宏　99
川合　正　138
河津雄介　137
河村重雄　85
岸田元美　83
グッドウィン　Goodwin, D.L.　135
國分康孝　85, 124, 141
ゴードン　Gordon, T.　89-91, 137, 138
小浜逸郎　32
小林昇治　139
近藤邦夫　29, 75, 85, 100, 108

さ

斎藤次郎　9
坂野公信　141
佐々木　賢　32
佐藤　学　25
サリヴァン　Sullivan, H.S.　45
ジェームス　James, W.　12
ジョーンズ　Jones, M.C.　132
スキナー　Skinner, B.F.　133
諏訪哲二　32
外林大作　141

た

高橋あつ子　138
谷川俊太郎　140
チェン　Cheng, Y.C.　96
塚野弘明　38
津村俊充　30

な

中沢たえ子　57
中村雄二郎　129
夏木　智　32
ノディングス　Noddings, N.　86

は

ハドフィールド　Hadfield, J.A.　22
パブロフ　Pavlov, I.P.　131
浜名外喜男　81
速水敏彦　80
バンデューラ　Bandula, A.　134
バーンド　Berndt, T.J.　49
ピアジェ　Piaget, J.　12
樋田大二郎　31-33
平木典子　18, 19
平林秀美　13
フロイト　Freud, S.　23
堀家由妃代　2, 3, 5, 6

ま

マイヒェンバウム Meichenbaum, D. 134
前川あさ美 72
マクゴールドリック McGoldrick, M. 18
松井 仁 96
松村茂治 132
マーラー Mahler, M. 58
三隅二不二 95
水原浩一 140
ミード Mead, M. 31
村山 実 30
モース Moos, R.H. 96, 99

や

山口真人 30
山本和郎 26, 105, 129
由紀草一 32
横湯園子 85
吉崎静夫 95
吉田寿夫 84, 85

ら

ランパート 84
レヴィン Lewin, K. 95, 99
ロジャーズ Rogers, C.R. 98, 127

わ

渡邉亜矢子 98
渡辺三枝子 125, 127
ワップナー Wapner, S. 56
ワトソン Watson, J.B. 132

その他

Ames, C. 83
Archer, J. 83
Bagwell, C.L. 45
Byrne, B.M. 97
Cowen, E.L. 49
Cramer, S. 125
Damon, W. 13, 14

Haertel, G.D. 97
Hart, D. 14
Haynes, N.M. 99
Herr, L.E. 125
Humphrey, L.L. 97
Jackson, P.W. 80
Nelson, G. 96
Newcomb, A.F. 45
Toro, P.A. 97

【事項】

あ

アイデンティティ 56
アセスメント 135
遊び 6, 24, 61
あなたメッセージ 90
甘え 56, 58, 60

いい子 71
医学モデル 130
いじめ 4, 5, 74-76, 122, 136
異性 58
　——への関心 51
依存 59
一次的ことば 13
異年齢の集団 47
イラショナルビリーフ 85
インフォームドコンセント 111

ADHD（注意欠陥多動障害） 3, 69, 118, 121-122
LD（学習障害） 117-118, 120-122

応用行動分析 133
おけいこごと 6
親業訓練 138
親子関係 5, 14
親離れ 20, 58

か

外的適応 31
カウンセラー 125
　——の態度 127

索　引

カウンセリング　124
　　クライエント中心——　127
　　ヘルス——　105
価格の多様化　8
学業成績　8
　　——の教師期待効果　85
学習塾　6
学習障害（LD）　3
学習の分類　130
学習モデル　130, 131, 135
学習理論　132
学童期　63
隠れたカリキュラム　80
隠れたメッセージ　89
家族のライフサイクル　18
家族療法　126
学級　24, 94
学級指導　97
　　——集団　94
　　——主任　111
　　——担任　101-103, 110
　　——風土　94, 96
　　——風土質問紙　96, 99
　　——崩壊　3, 101, 136
学校　24, 36
　　——の学びの問題点　40
学校心理士　109
家庭　6
家庭裁判所　114, 115
家庭相談員　115
環境移行　25, 28
環境の変化　136
緘黙　73, 75, 76
管理職　105, 111

危機的移行　56
器質的疾患　76
帰属意識　46, 63
帰属集団　44
気づき　138
キーパーソン　98
基本的信頼感　59
ギャング・エイジ　22, 45, 47
ギャング集団　22
教育センター　114
教育相談　63
　　——係　105

　　——室　111
教育費　7
強化子　133
共感的理解　127
教師　24, 48, 80, 81, 88
　　——から受けた感動体験　80
　　——業訓練　89
　　——特有のコミュニケーション・スタイル　91
　　——との関係　5
　　——の影の側面　88
　　——のリーダーシップ　94
　　——役割　85
競争　46
強迫的行動　55
協力　46
金銭持ち出し　64
勤勉性　60
　　——の獲得　14

具体的操作　12
クライエント　125, 126
　　——中心カウンセリング　127

ケア　86
警察　115
警察署　114
形式的操作　12
系統的脱感作法　132
月経初発年齢　50
権威　93
現実的な有能さ　24

高機能自閉症　118, 120-121
合計特殊出生率　7
構成的グループ・エンカウンター　99
行動主義　126
行動変容法　133
行動療法　131, 135
心の教育　136
古典的条件づけ　131, 132
孤独　23
子ども
　　——時代　31
　　——の身体　2
　　——の教師認知・態度　83
　　——の対人関係　3

| 161 |

──の認知的・情動的変化　3
　　──の変化　2
　　──の理解　76
　　──文化　30
　　仲間集団に入れない──　48
個別指導プログラム　120-122
孤立　56
コンサルタント　128
コンサルテーション　128, 135

さ

ジェンダー　53
　　──・バイアス　53
自我同一性の確立　56, 60
自己一致　127
自己表現　140, 141
思春期　59
施設収容　68
叱責　137
児童委員　115
児童期　24
児童相談所　114, 115
自分崩し　57, 75
自分探し　58, 60
自分づくり　57, 75
社会化　13
社会性の変化　13
社会的発達　13
射精経験　50
集団　63
　　──遊び　63
　　──維持機能　95
自由な風土　98
重要な他者　24
準拠集団　45
準拠枠　45
障害　116
小学生　2
小学校　24, 110
商業主義　7
少子化　7
症状　60
情緒障害　116
少年院　114, 115
少年鑑別所　114, 115
少年センター　114

消費社会　7
勝負あり法　91
所属感　46
初潮　51
自立　59
　　──性の獲得　59
心身症　59
身体的発達　10
身長　3, 10, 11
心的外傷後ストレス障害　54
親密さ　49
心理学的援助　125
心理技法　124, 130
心理教育　136
　　──（親に対する）　137
　　──（教師に対する）　136
　　──（子どもに対する）　138
心理社会的危機　56
心理療法　125

遂行目的　83
スクールカウンセラー　104, 106, 109, 110, 135
スクールサイコロジスト　109, 121, 135

性　51
　　──的成熟　11, 50
　　──認識　53
　　──被害　54, 55
　　──役割　47, 53
生活習慣　12
青少年委員　115
精神病理　69
精神分析　126
精神保健福祉センター　114
生徒指導部　105
セックス　53
セルフ・コントロール　134
前操作　12

総合的な学習の時間　40
ソーシャル・サポート（社会的支援）　49
ソーシャル・スキル・トレーニング　48

た

体験　41

体重　3, 10, 11
対人関係　14
　　──スキル　136
第二次性徴　10, 11, 50, 56, 58, 60
他者　140
多動　120
男女差　50
担任　100, 111, 112

チック　60
注意欠陥多動障害　→ ADHD
注意集中困難　120
抽象的な学び　37
沈黙　73

通級学級　117-118, 120, 123

ティーム・ティーチング　102
適応　126
　　外的──　31
　　内的──　31
テレビゲーム　6, 34

道具的条件づけ　132, 133
同性同年齢の友人　58
同性友人　49
　　──集団　44
同調性　48
遠出　66
特殊学級　116-119
特殊教育への就学率　117
トークン・エコノミー　134
友だち　44
　　──関係の問題　4

な

内的適応　31
仲間関係　45, 47
仲間集団に入れない子ども　48

二次的ことば　13
人間-環境システム　56
人間性主義心理学　126
認知行動療法　135
認知的学習　134

盗み　63

ノーマライゼーション　119

は

罰　133
場面特殊な学び　37
バーンアウト　75
反抗　58
反社会的行動　48, 62, 63, 68
PM 理論　95
非行　122
非社会的行動　62, 71
PTSD　54
B.B.S.　115
肥満　2
秘密　58
病院　114

フェーディング法　132
フォーカシング　139
不登校　4, 27, 60, 75-77, 100, 110, 122
分離-個体化　58
分離不安　26

ヘルスカウンセリング　105
勉強　24

保健室　105
保健所　114
保護観察所　114
保護司　115
保護者　111, 112
母子関係　20

ま

マインド・コントロール　126

魅力ある教師　80
民生委員　115

無条件の積極的関心　127
無賃乗車　66

盲聾養護学校　116-118
目標達成機能　95
モデリング　134
モデル　80, 81, 85, 88
もらいご幻想　23
問題行動　62, 69, 71, 100

や

やきもち　61
役割取得　46

友人　49
　──関係　45
　──関係の発達　21
　同性──　49
　同性同年齢の──　58

友だち　44

養護教諭　105, 110, 111
予防的・開発的援助　129

ら

ライフサイクル　19
　家族の──　18

リーダー　46, 95
リーダーシップ　46
療育医療センター　114
臨床心理士　109, 110

ロールプレイ　55, 138, 139

執筆者紹介（執筆順。括弧内は担当章）

川原誠司（かわはら　せいし）宇都宮大学教育学部准教授（1, 2, 7）
中釜洋子（なかがま　ひろこ）東京大学大学院教育学研究科教授（3）
近藤邦夫（こんどう　くにお）東京大学名誉教授（4, 13, 20）
樋田大二郎（ひだ　だいじろう）青山学院大学教育人間科学部教授（5）
岩田純一（いわた　じゅんいち）京都教育大学名誉教授（6）
高野久美子（たかの　くみこ）創価大学大学院文学研究科教授（8, 9）
飽田典子（あくた　のりこ）元　日本女子大学教育学科特任教授（10, 16）
前川あさ美（まえかわ　あさみ）東京女子大学文理学部教授（11）
秋田喜代美（あきた　きよみ）東京大学大学院教育学研究科教授（12）
伊藤亜矢子（いとう　あやこ）お茶の水女子大学生活科学部准教授（14）
岡本淳子（おかもと　じゅんこ）立正大学心理学部教授（15）
石井正子（いしい　まさこ）昭和女子大学人間社会学部教授（17）
沢崎俊之（さわざき　としゆき）埼玉大学教育学部教授（18）
松村茂治（まつむら　しげはる）明治学院大学心理学部教授（19）

編者紹介

近藤邦夫（こんどう　くにお）
東京大学大学院教育学研究科博士課程（教育心理学）中退。東京大学名誉教授。
著書に，『教師と子どもの関係づくり』（東京大学出版会，1994），『子どもと教師のもつれ』（子どもと教育）（岩波書店，1995），『これからの小学校教師』（共著，大月書店，1997）などがある。

西林克彦（にしばやし　かつひこ）
東京大学大学院教育学研究科博士課程（学校教育）中退。宮城教育大学名誉教授。
著書に『間違いだらけの学習論』（新曜社，1994），『「わかる」のしくみ』（新曜社，1997），『親子でみつける「わかる」のしくみ』（共編，新曜社，1999）などがある。

村瀬嘉代子（むらせ　かよこ）
奈良女子大学文学部卒。大正大学名誉教授，臨床心理士。
著書に『子どもと家族への援助』（金剛出版，1997），『心理療法のかんどころ』（金剛出版，1998），『聴覚障害者の心理臨床』（日本評論社，1999）などがある。

三浦香苗（みうら　かなえ）
東京大学大学院教育学研究科博士課程（教育心理学）単位取得退学。千葉大学名誉教授。
著書に『勉強ができない子』（子どもと教育）（岩波書店，1996），『勉強ぎらいの理解と教育』（編著，新曜社，1999）などがある。

教員養成のためのテキストシリーズ
第4巻　児童期の課題と支援

初版第 1 刷発行	2000 年 3 月 10 日
初版第 17 刷発行	2023 年 1 月 20 日

編　者　　近藤邦夫　　西林克彦
　　　　　村瀬嘉代子　三浦香苗
発行者　　塩浦　暲
発行所　　株式会社 新曜社
　　　　　〒101-0051
　　　　　東京都千代田区神田神保町 3-9
　　　　　電話　03(3264)4973・FAX　03(3239)2958
　　　　　E-mail　info@shin-yo-sha.co.jp
　　　　　URL　http://www.shin-yo-sha.co.jp/
印刷・製本　株式会社 栄　光

©Kunio Kondo, Katsuhiko Nishibayashi, Kayoko Murase, Kanae Miura, 2000　Printed in Japan
ISBN 978-4-7885-0710-4　C1037

■ 教員養成のためのテキストシリーズ

第1巻　教師をめざす　　　　　　西林・近藤・三浦・村瀬〈編〉　Ａ5判並製　本体1800円

この「第1巻　教師をめざす」は，新しい「教職に関する科目」のうち，「教職への志向と一体感の形成に関する科目」（2単位）に対応しています。現代というむずかしい社会のなかで，教職はどのような役割を担っているのか，教師としての責任や役割とは何かなどを考えながら，学校教育をめぐる環境や問題を認識し，教師に求められる適性，教職を選択することの意味を考えます。

1部　教育をめぐる状況　①子どもと社会変化／②教育をめぐる環境変化／③競争と平等／④教育言説の視点から教育論を解きほぐす／⑤自らの教育を振り返る
2部　学校という存在　⑥学校というもの／⑦現代日本の教育と学校制度／⑧学校組織／⑨学級制度／⑩地域社会との共生／⑪学級集団／⑫学校像の模索
3部　教師という仕事　⑬教師の一日／⑭指導と懲戒／⑮組織の一員としての教師／⑯子どもを委ねられるということ／⑰教師の成長
4部　教師をめざす人のために　⑱教師になるためのガイド／⑲教職の近接領域／⑳教師をめざす

第2巻　発達と学習の支援　　　　三浦・村瀬・西林・近藤〈編〉　Ａ5判並製　本体1800円

この「第2巻　発達と学習の支援」は，新しい「教職に関する科目」のうち，「幼児，児童及び生徒の心身の発達及び学習の過程」（2単位）に該当します。従来，「教育心理学」「幼児心理学」「児童心理学」「青年心理学」などとして学ばれていた部分です。子どもはどのようなみちすじをたどって発達するのか，学ぶ－教えるという営みはどのようなものなのかを，発達心理学，学習心理学，臨床心理学などの研究成果から考えます。学生が将来，教師として接する子どもは，どのような課題を乗り越えながら成長していくのかを学び，子どもがおかれている家庭状況や文化的背景にも注意を払うことのできる教師としての素地を養います。

1部　教育心理学から見た人間　①発達をめぐる論争／②発達と養育／③家族のなかでの発達／④人間関係の拡大／⑤学校社会での経験／⑥人間の学習の特殊性／⑦感じ方とやる気
2部　発達のすがた　⑧人格発達Ⅰ／⑨人格発達Ⅱ／⑩自分理解／⑪子どもの知的世界の拡大／⑫他者理解
3部　個人差の理解　⑬個性の把握／⑭知性の理解／⑮人格の理解／⑯社会的能力の理解
4部　子どもの理解と支援の手だて　⑰適応と不適応／⑱自分の感じ方と他者の見方／⑲個別的理解と大数的理解／⑳子どもへのさまざまな支援

第3巻　学習指導の方法と技術　　　西林・三浦・村瀬・近藤〈編〉　Ａ5判並製　本体1800円

この「第3巻　学習指導の方法と技術」は，新しい「教職に関する科目」のうち，「教育の方法及び技術」「特別活動の指導法」に該当します。学習指導の意味・役割，技術を中心に，教育活動全体を通して，教師が学校で教えるということは子どもたちにとって何を意味するのか，子どもたちが価値ある学びをするために，充足感・効力感を得られるために，教師は何ができるのか，ということを考えます。

表示価格は税を含みません。

1部　学ぶということ　①何のために学ぶか／②何を学ぶのか／③どう学ぶのか／④学習のオープンエンド性／⑤学びの楽しさとつらさ
2部　教えるということ　⑥教えることの社会的意味／⑦学習指導観の変遷／⑧教師の役割／⑨子ども理解／⑩学級経営／⑪学習集団の組織化／⑫学校での集団活動
3部　学習指導と学習評価　⑬教授技術／⑭学習指導の過程／⑮教科指導の実際／⑯体験を重視した学習支援の実際／⑰学習評価の方法
4部　教育と環境　⑱情報化時代と教育／⑲異文化とふれあう／⑳学習を保証する環境

第4巻　児童期の課題と支援　　　　近藤・西林・村瀬・三浦〈編〉　Ａ５判並製
本体1800円

この「第4巻　児童期の課題と支援」は，新しい「教職に関する科目」のうち，「生徒指導，教育相談，進路指導等に関する科目」（4単位）に該当します。小学生が学校・家庭・社会のなかでどのような問題にぶつかっているのか，典型的な課題を取り上げ，その支援法について考えます。
なお，本シリーズ5巻では，4巻とほぼ同じ構成のもとで，中学生・高校生を対象としています。

1部　小学生という時期　①小学生の現在／②小学生期の発達の諸側面
2部　小学生の成長と環境　③家族と友人／④環境としての学校／⑤子ども文化／⑥学びと体験
3部　成長の節目としての危機　⑦帰属集団としての同性友人集団／⑧性的成熟の開始／⑨甘えと独立のはざまで／⑩問題行動を通して子どもが訴えるものⅠ／⑪問題行動を通して子どもが訴えるものⅡ
4部　子どもの成長と変容への支援　⑫モデルとしての教師／⑬教師の働きかけの特徴／⑭学級集団づくり／⑮学校内での支援体制／⑯外部の関連機関との連携／⑰発達を保証する補償・治療教育／⑱成長・変容を支えるさまざまな心理技法Ⅰ／⑲成長・変容を支えるさまざまな心理技法Ⅱ／⑳子どもの成長・変容をうながす心理教育

第5巻　青年期の課題と支援　　　　村瀬・三浦・近藤・西林〈編〉　Ａ５判並製
本体1800円

この「第5巻　青年期の課題と支援」は，新しい「教職に関する科目」のうち，「生徒指導，教育相談，進路指導等に関する科目」（4単位）に該当します。中学生・高校生たちが学校・家庭・社会のなかでどのような問題にぶつかっているのかを多面的に見ていきます。青年期の子どもたちは，学校以外にも自分の存在する場所をもち始め，そこでの問題も重要性を増してくることを考慮して，教師としての支援の方法を考えます。
なお，本シリーズ4巻では，5巻とほぼ同じ構成のもとで，小学生を対象としています。

1部　中学生・高校生という時期　①中学生という時期／②高校生という時期／③青年期の発達の特徴
2部　青年の成長と環境　④友人と家族／⑤青年を取り巻く環境／⑥自分さがしと学習活動／⑦青年文化
3部　成長の節目としての危機　⑧性同一性／⑨「自分」「他者」との出会い／⑩大人になるということ／⑪問題行動を通して青年が訴えるものⅠ／⑫問題行動を通して青年が訴えるものⅡ
4部　青年の成長と変容への支援　⑬教師とカウンセラーの違い／⑭理解する教師／⑮学級集団の力／⑯学校内での支援体制／⑰外部機関との連携／⑱成長・変容を支えるさまざまな心理技法Ⅰ／⑲成長・変容を支えるさまざまな心理技法Ⅱ／⑳青年にとって魅力ある教師

■ 新曜社の本

子どもの福祉とこころ
児童養護施設における心理援助

村瀬嘉代子監修／高橋利一編

A5判並製
本体1900円

不登校，再婚家庭，親と縁の薄い境遇，病気の親など，複雑な環境にある子どもが共に生活する養護施設。とても深い傷を負って入所してきた彼らをどのように迎え，癒し，未来への希望を育めばいいのか。

子どもが育つ心理援助
教育現場でいきるこころのケア

岡田康伸監修／東城久夫著

A5判並製
本体1900円

学校へ来なくても，登校して荒れても，爆音立てて走り回っても，子どもは育っている。教員と心理臨床家が協力し，学校での成長を深く捉えると同時に「家族」や「地域」といった舞台裏を広く眺め渡す。

親子でみつける「わかる」のしくみ
アッ！　そうなんだ!!

西林克彦・水田まり編

四六判並製
本体1800円

身の回りには「わかった！」という体験を導いてくれるキッカケがたくさん潜んでいる。新しいものの見方で学習を楽しむための方法・道筋を，物語風に具体的に紹介。

勉強ぎらいの理解と教育

三浦香苗編

四六判並製
本体2200円

勉強ぎらいの子や勉強のできない子も，その理由と状況を正しく理解し，その理解に沿った導き方で大きく学習の可能性を伸ばすことができる。学習不適応の問題をさまざまな事例を取り上げて解説。

「わかる」のしくみ
「わかったつもり」からの脱出

西林克彦

四六判並製
本体1800円

わかったつもりが真の理解を妨げ，しばしば学習挫折の原因となる。主として文章理解に関わる誤解の実例を豊富にあげて「わかったつもり」から本当の「わかる」に至る道筋を説く。

間違いだらけの学習論
なぜ勉強が身につかないか

西林克彦

四六判並製
本体1800円

なぜ歴史年表，三角関数，英単語も受験を過ぎればすっかり忘れてしまうのか。学習の仕方のどこがいけないのか。効果的に学習して血のかよった知識を獲得する方法を，認知心理学の視点から提言。

スクール・カウンセリング
学校心理臨床の実際

岡堂哲雄編

A5判並製
本体2400円

養成が急がれているスクールカウンセラーのための最新のテキスト。学校という場のもつ独自性という観点から，個々の問題行動に対するカウンセリングのあり方・進め方を説く。

新版　心理臨床入門
臨床心理士をめざす人のために

岡堂哲雄編

A5判並製
本体2200円

カウンセリング・臨床心理学の基本的方法についての包括的でわかりやすい入門書。心理臨床士制度導入後の動きと学問の進展に沿って書かれており，臨床心理士をめざす人の最初の一冊として好適。

表示価格は税を含みません。